Anne-Bärbel Köhle

Wut lass nach!

Anne-Bärbel Köhle

Wut lass nach!

Kreativer Umgang mit einem starken Gefühl

Kreuz

Inhalt

Vorwort

Wut ist ein starkes Gefühl. So stark, dass die meisten Menschen Schwierigkeiten haben, ihre Wut zu bändigen: Einige bekommen Tobsuchtsanfälle, andere schlucken ihre Wut herunter, fressen ihren Ärger in sich hinein und unterdrücken ihren »gerechten« Zorn, aber nur die wenigsten von uns sind in der Lage, ihre Wut angemessen zu äußern, mit diesem unbändigen Gefühl konstruktiv umzugehen.
Besonders Frauen haben es in dieser Hinsicht schwer, denn sie wurden von klein auf dazu erzogen, brave, verständige und nette Mädchen zu sein. Während Jungen ihre Aggressionen ausleben dürfen – ja, dies sogar als männlich gilt –, werden Mädchen dazu angehalten, die wilden Triebe in sich zu zügeln. Dieses chauvinistische Erziehungsprinzip gilt bis heute: Indianer weinen nicht, und Mädchen werden nicht wütend.
Frauen, die aggressiv für ihre Interessen eintreten und auch ihre Wut nicht verbergen, sind den meisten Männern suspekt. Nicht selten werden sie mit ätzendem Spott überzogen: Sie seien »zickig«, vermuten die Männer, »hysterisch«, wahrscheinlich frigide, in jedem Fall aber stimmt etwas mit ihnen nicht.

Der US-Psychologe John Lee meint, Frauen »können heute gar nicht zornig werden, weil die Männer, mit denen sie seit zwanzig Jahren zusammen leben, ihren Zorn nicht aushalten würden«. Was wäre denn, wenn Frauen ihre traditionellen Tugenden, ihre Sanftmütigkeit, Mütterlichkeit, Zärtlichkeit über Bord werfen? Wenn sie sich offen zu ihren negativen Gefühlen bekennen? Vor dieser Unwägbarkeit haben viele Frauen – und auch ihre Männer – Angst.

Es gilt, diese Angst zu überwinden. Dafür müssen sich insbesondere Frauen von den überkommenen Verhaltensweisen im Umgang mit Wut und Aggression lösen. Erst wenn Frauen erkennen, dass sie ein Recht auf ihre Wut haben, können sie sich mit Erfolg dagegen wehren, die ihnen zugedachte Rolle zu erfüllen. Erst wenn sie sich selbst eingestehen, dass sie ihre Wut nur deshalb nicht ausleben, weil sie Angst davor haben, verletzt, nicht geliebt oder verlassen zu werden, können sie auch Wege finden, um ihre Enttäuschung, ihren Ärger oder ihre Trauer angemessen zu äußern. Das kann weh tun. Das kann bedeuten, dass man sich von althergebrachten Mustern lösen muss – aber: Es kann auch wahre Wunder wirken ...

Wut kann uns in unserer persönlichen Entwicklung und auch in der Partnerschaft ein großes Stück weiterbringen, wenn wir lernen, mit ihr umzugehen. Dieses Buch will Ihnen dabei helfen. Es richtet sich an vielen Stellen vor allem an Frauen – eben weil sie traditionell mehr Schwierigkeiten haben, sich ihren negativen Gefühlen zu stellen. Natürlich sollen sich aber auch Männer angesprochen fühlen.

1. Kapitel

Warum der Zorn oft gar nichts bringt

Es wäre so schön: Die lieben Kinder spielen brav miteinander im Garten. Kein Streit, kein Schulstress, keine frechen Manieren. Der zuvorkommende Ehemann kommt nach einem erfüllten Arbeitstag pünktlich nach Hause und macht sich sogleich im Haushalt nützlich. Auch in Ihrem Job läuft alles bestens, die Kollegen sind freundlich und fair. Sie haben keine finanziellen Sorgen, dafür aber ein eigenes Häuschen, einen schicken Wagen und genug Reserven, um einmal im Jahr mit der Familie in Urlaub zu fahren.

Aber so ist es eben nicht: Ihr Aupair-Mädchen hat Sie versetzt, Ihre Kinder kommen heulend, Ihr Mann viel zu spät und natürlich total erschöpft nach Hause. Wieder sind Sie nicht bei Ihrer Mutter vorbeigefahren, die Reinigung hatte schon zu, als Sie Ihre Kleider abholen wollten, das Abendessen ist Ihnen angebrannt, auf Ihrem Schreibtisch stapeln sich die Mahnungen, und Ihre Kollegen haben Sie süffisant gefragt, ob Sie eigentlich irgendwann auch mal wieder pünktlich zur Arbeit kommen wollen.

Die Folge: Irgendwann – oft für alle Beteiligten gänzlich unvorbereitet – reißt Ihnen die Hutschnur. Dann schreien Sie Ihre Kinder an oder schlagen sie sogar, machen Ihrem Partner eine Szene oder brechen mit Ihren alternden Eltern eine Grundsatzdebatte vom Zaun, sagen sich von Ihren Geschwistern los, geigen den Kollegen die Meinung.

Effekt? Null komma null. Die Kinder bleiben frech, der Mann weiterhin ein Haushaltsmuffel, die Eltern zeigen sich völlig unbeeindruckt und die Kollegen bleiben die Erz-Chauvis, die sie schon immer gewesen sind.

Was bleibt nach einem unkontrollierten Wutausbruch? Das peinliche Gefühl, sich nicht im Griff gehabt zu haben, der Schwächere gewesen zu sein. Hilflosigkeit gemischt mit Scham und einem schalen Geschmack im Mund – besonders dann, wenn der Gegner ruhig geblieben ist.

Unkontrollierte Wutausbrüche bringen nur eines: das unangenehme Gefühl, der Schwächere zu sein.

Haben Sie das noch nie erlebt? Sie schrien und tobten herum, wurden immer gereizter, während Ihr Konterpart zunehmend gelassener, besonnener, rationaler reagierte? Und nach der Auseinandersetzung: Sie fühlten sich total benommen, wie ein kleines, trotziges Kind. Ein Teufelskreis – dem Sie jedoch entrinnen können!

Dann nämlich, wenn man sich die Mechanismen der Wut klar macht. Wut ist beileibe nicht nur Temperamentssache, sie hängt vor allem zusammen mit früheren Erlebnissen, mit dem familiären Hintergrund und mit Ängsten, die tief in uns sitzen.

Wut muss sich nicht zwangsläufig nach außen richten, sie kann sich auch gegen uns selbst richten, in Depressionen oder Essstörungen münden. Die Kehrseite der unkontrollierten Wutausbrüche – die unterdrückte Wut – ist jedoch nicht weniger unkreativ, gefährlich und explosiv. Denn der nicht verarbeitete Zorn kann sich in Krankheiten niederschlagen: Viele Menschen, die Schwierigkeiten haben, ihre negativen Gefühle auszuleben, leiden an psychosomatischen Beschwerden, an Kopfschmerzen, an nervösem Magen, aber auch an Stimmungsschwankungen und psychischen Erkrankungen wie beispielsweise Depressionen.

Wer seine Wut unterdrückt, lebt gefährlich: Die Folge können schwerwiegende körperliche und psychische Erkrankungen sein.

Warum wir uns vor Wut fürchten

Im Sommer 1997 brachte ein über 90-jähriger Rentner seine Schwester auf bestialische Weise um. Sein Grund: Er hatte sich ein Leben lang über sie geärgert. Und im hohen Alter dann war ihm derartig der Kragen geplatzt, dass er sie tötete. Wahrscheinlich war diese Tat der tragische Höhepunkt eines lebenslang verdrängten Zorns.

Und auch das geschieht aus Wut: Jugendliche prügeln sich in unkontrolliertem Jähzorn gegenseitig krankenhausreif, Mütter töten im Affekt ihre kleinen Kinder, Männer vergewaltigen und prügeln Frauen, Frauen brüllen sich die Kehle wund, um sich bei ihrem Mann endlich Gehör zu verschaffen und vieles mehr. Dies alles sind Beispiele für Wutausbrüche, die mit einer Katastrophe enden.

So verwundert es nicht, dass viele Menschen Wut verdammen und auf wütende Reaktionen mit Ablehnung reagieren. Ja, sie haben sogar Angst vor der Wut, weil sie Situationen kennen, in denen sich unkontrollierter Zorn in gefährlichen oder sogar lebensbedrohlichen Gewalthandlungen Bahn brach.

Es steht außer Frage, dass es sich bei den oben genannten Beispielen um beängstigende, übertriebene, vielleicht sogar krankhafte Formen von Wut und Aggression handelt. Wenn dieses Buch Sie im Folgenden dazu auffordert, Ihre Wut anzunehmen und ernst zu nehmen, möchte es Ihnen helfen, konstruktive Ausdrucksformen für Ihren Zorn zu finden, und nicht der Zerstörung das Wort reden. Wie Sie sehen werden, muss man sich vor der Wut nicht fürchten, denn ein kreativer Umgang mit ihr kann echten Fortschritt bringen, der sich positiv auf Sie selbst, Ihre Partnerschaft und Familie sowie auf Ihr Berufsleben auswirken kann.

Dort aber, wo die Wut in blinde Gewalt (häufig auch gegen die eigene Person) umschlägt und destruktive Ziele verfolgt, ist es für gute Ratschläge zu spät.

Dieses Buch ist für Sie gedacht,

- wenn Sie das Gefühl haben, Ihre Zornausbrüche bringen nichts. Wenn Sie sich im Kreise drehen, weil Sie in immer wieder gleichen Situationen aus der Haut fahren, ohne dabei etwas zu verändern.
- wenn Sie Ihren Ärger immer wieder herunterschlucken, weil Sie sich Ihre Wut nicht eingestehen wollen.

Dieses Buch ist nicht für Menschen gedacht,

- die mit ihrer Wut andere Menschen körperlich und seelisch schwer verletzen, die andere misshandeln, weil sie ihre Gefühle überhaupt nicht im Griff haben. Es kann niemandem helfen, der beispielsweise stark trinkt und dann seine Wut auslebt.
- die unter Depressionen, Psychosen oder anderen schweren psychischen Krankheiten leiden. Ihnen kann ein Ratgeber wie dieser nicht helfen. Sie sollten sich an eine geeignete Ärztin, einen Psychiater oder eine Psychologin wenden (Adressen im Anhang).

Was ist Wut überhaupt?

Die Psychologie kennt mehrere Erklärungen. Die klassischen Aggressionstheorien nennen ganz unterschiedliche Gründe, warum Menschen zu Wut und destruktivem Verhalten neigen.

■ Die Triebtheorie

Sie geht davon aus, dass es im Organismus eines Menschen eine angeborene Quelle, einen Trieb, gibt, der spontan und immerzu aggressive Impulse produziert. Sigmund Freud geht sogar davon aus, dass es in jedem Menschen eine angeborene Neigung zum Bösen gibt. Dieser Trieb muss zum Ausdruck kommen – wenn auch nicht unbedingt zerstörerisch wirken. Kommt er nicht zum Ausdruck, sind seelische Störungen die Folge.

■ Die Frustrations-Aggressions-Theorie

Wut und Aggressionen entstehen nicht spontan, sondern sie sind eine Reaktion auf unangenehme Erlebnisse, auf so genannte Frustrationen. Wissenschaftler der Yale-Universität stellten folgende Gleichung auf:

1. Aggression ist immer eine Folge von Frustration.
2. Frustration führt immer zu einer Form der Aggression.

Empfinden wir diesen Frust – das können Mangelzustände sein, aber auch Angriffe und Belästigungen – müssen wir ihn in irgendeiner Form auch wieder loswerden.

■ Die Lerntheorie

In den 60er Jahren entwickelte der Psychologe Albert Bandura eine Theorie, derzufolge aggressives Verhalten nicht auf Impulsen beruht, sondern – wie jedes andere Verhalten auch – von Lerngesetzen bestimmt wird. Das heißt: Aggression wird dann eingesetzt, wenn der Mensch die Erfahrung gemacht hat, dass er mit einer aggressiven Vorgehensweise sein Ziel eher erreichen kann. Aggressive Umgangsformen werden also erlernt und als Verhaltensmuster von Mensch zu Mensch weitervermittelt. Für unseren Umgang mit Wut und Aggression hat häufig die eigene Familie, die Lehrerin oder der Vorgesetzte Modell gestanden.

Viele moderne Psychologen gehen inzwischen davon aus, dass wohl in jeder Erklärung Wahrheit steckt, und bemühen sich um einen integrativen Ansatz, der, vereinfacht gesagt, Teile der diversen Theorien in sich vereinigt.

Männliche versus weibliche Wut

Generationen von Psychologen haben sich mit der Frage beschäftigt, ob es einen Unterschied zwischen männlicher und weiblicher Wut und Aggression gibt – die Spekulationen darüber füllen Bände.
Die klassische Freudsche Psychoanalyse ging von folgender Hypothese aus: Es gibt einen tiefen, dynamischen Unterschied zwischen weiblicher und männlicher Psyche. Während Frauen passiv sind und eher zum Masochismus neigen – schließlich haben sie ja auch keinen Penis, sondern nur den Neid darauf –, reagieren Männer eher aggressiv. Die Wut der Frauen äußert sich nach diesem Modell in heimtückischen Intrigen und der fiesen, leisen Rache. Ganz im Gegensatz zum ehrlichen, heiligen Zorn der Männer.

Männlicher Zorn ist nicht gerechter als weiblicher.

Heute glauben viele Psychologen, dass Freud – beeinflusst durch die in seiner Zeit vorherrschende Auffassung von Weiblichkeit – mit dieser These Opfer seiner eigenen Vorurteile wurde. Schon die Vorstellung von nichtaggressiver Weiblichkeit – sei sie nun angeboren oder auch anerzogen – postuliere ein falsches Ideal. Die psychischen Unterschiede, glaubt beispielsweise der US-Therapeut George R. Bach, werden in unserer Kultur übertrieben und dazu genutzt, überkommene Geschlechterrollen aufrecht zu erhalten. In einer groß angelegten US-Studie ist bewiesen worden: Mädchen können ihre Aggressionen genauso bösartig zum Ausdruck bringen wie Jungs – und tun es auch.
Dennoch hält sich die Vorstellung vom friedlichen Geschlecht hartnäckig. Und weil sich die Freudsche Theorie vom Penisneid und die daraus abgeleitete Unterlegenheit der Frau als nicht haltbar erwies, werden heute eben biologische Faktoren herangezogen. So führen manche Forscher genetisch bedingte Unterschiede in der Hormonausstattung an, um das vermeintlich unterschiedliche Aggressions-Verhalten von Männern und Frauen zu erklären: Das Hormon Testosteron mache Männer eben aggressiver als Frauen. Auch sozialbiologische Erklärungsmuster gibt es: Die angeblich höhere Aggressivität der Männer wird durch den Hinweis auf bessere Chancen im Kampf gegen Rivalen und beim Beutezug

erklärt. Wer aggressiver ist, hat bessere Chancen, sich fortzupflanzen, und kommt weiter als ein »schwaches Männchen«.
Der Schluss liegt nahe: Zu Aggression passt Ärger und Wut als Begleiterscheinung. Also sind Männer eher wütend als Frauen – oder doch nicht?
Die neuere Forschung, darunter auch die der Bamberger Wut-Forscherin Hannelore Weber, kommt zu dem Ergebnis, dass Frauen Wut ganz genauso empfinden wie Männer und sie auch ähnlich zum Ausdruck bringen.
Eine große vergleichende US-Studie, bei der den Teilnehmern und Teilnehmerinnen 90 Wut-Situationen vorgegeben wurden, bestätigt dies: Es gibt keine geschlechtsspezifischen Unterschiede, was die Intensität der Empfindung von Wut und Ärger betrifft. Geringfügige Unterschiede konnten festgestellt werden, was die Auslöser für aggressives Verhalten und den Umgang mit dieser Emotion betrifft. Demnach wurden Männer eher in Situationen wütend, in denen es um physische Angriffe ging, während Frauen vor allem dann zornig reagierten, wenn sich jemand unfair oder ungerecht verhielt. Gemäß dem Geschlechterstereotyp unterdrückten Frauen ihren Ärger allerdings öfter als Männer; sie weinten häufiger und neigten eher dazu, ihrem Gegner Wohltaten zu entziehen als ihre Aggressionen direkt und spontan auszudrücken. Auffällig war auch, dass Frauen weitaus häufiger mit Dritten über ihren Zorn sprachen, sich also soziale Unterstützung holten. Andere Studien kamen zu dem Ergebnis, dass es überhaupt keinen Unterschied gebe.
Auch die Zielsetzung, die Männer und Frauen mit ihrem Zorn verfolgen, enthält keine Hinweise auf deutliche geschlechtsspezifische Unterschiede. Beide signalisieren mit Wut, dass sie bestimmte Dinge nicht mit sich machen lassen wollen und dass andere sich gemäß ihren Wünschen verhalten sollen. Frauen gaben lediglich häufiger an, dass sie mit ihrer Wut auch ihre Gefühle zum Ausdruck bringen wollten. Hannelore Weber fasst die Ergebnisse der empirischen Forschung wie folgt zusammen:

> Frauen reagieren nicht netter auf Wut als Männer, sie reagieren überhaupt kaum anders als Männer. Im Grunde sollte man das Thema Geschlechterunterschiede im Umgang mit Ärger zu den Akten legen.

Ein Aspekt bleibt allerdings noch – und das ist die gesellschaftliche Bewertung, der wütende Frauen unterliegen. Gerade Forscherinnen, die der Frauenbewegung nahe stehen, glauben: Die Wut der Männer wird immer noch als machtvoll, als angemessen und als Ausdruck von Stärke bewertet. Der Zorn der Frauen kommt da etwas schlechter weg. Zornige Frauen, das wurde ja bereits eingangs beschrieben, werden von Männern gerne als zickig abgestempelt. Die weibliche Wut gilt weithin als lächerlich und schlichtweg ineffektiv. Männer erreichen zwar mit bloßer Brüllerei oder mit Eingeschnapptsein auch nichts. Aber merkwürdigerweise scheint es dennoch in einer altmodischen Bewertung »weiblicher« zu sein, dann gleich den Mund zu halten.

Diese gesellschaftliche Auffassung spiegelt sich auch in der Selbsteinschätzung wütender Frauen. Hannelore Weber forderte die Teilnehmerinnen einer Studie auf, ihr zorniges Verhalten zu bewerten. Frauen sollten angeben, wie ihr Verhalten wohl auf andere wirke. Ob es eher freundlich/unfreundlich, stark/schwach usw. war. Das Resultat:

> Frauen schätzten ihr Verhalten – das sich faktisch von dem der Männer nicht unterscheidet – überdurchschnittlich häufig als unsicher und schwach ein.

Für die Forscherin Weber wirft dieses Ergebnis die Frage auf, »ob Geschlechtsunterschiede nicht überhaupt in der Selbstwahrnehmung statt im offenen Verhalten zu suchen sind«.

Warum Wut normal ist

Im Gegensatz zu schönen, erfreulichen Gefühlen ist Wut gesellschaftlich nicht akzeptiert. Sie ist mit den vorherrschenden Moralvorstellungen nicht zu vereinbaren, und weil sie nicht ins Bild passt, setzen wir uns mit ihr am liebsten gar nicht auseinander.

In Gedanken sehen wir uns einfach lieber als liebende, geduldige Wesen und nicht als zeternde Furien. Insbesondere Frauen haben Schwierigkeiten, sich ihre Wut einzugestehen, weil sie fürchten, durch ein so negatives Gefühl in den Augen der anderen an Wert zu verlieren.

Doch »Zorn ist nichts Schlimmes«, lehrt der US-Psychologe John Lee. »Er ist nur ein Gefühl.« Ein Gefühl, mehr nicht, auch wenn manche Gefühle uns dazu bringen, Dinge zu tun und zu sagen, die wir später bereuen. Es kommt nur darauf an, was wir daraus machen.

Wut ist ein Gefühl – nicht anders als Liebe, Trauer und Zärtlichkeit.

Das klingt ziemlich einfach: Doch wenn Sie sich verletzt fühlen, vielleicht gerade einen fulminanten Streit hinter sich gebracht haben, nützt diese Einsicht alleine leider recht wenig. Sie schämen sich vielleicht, sind atemlos und traurig und würden am liebsten künftigen Konflikten aus dem Weg gehen. Frieden, heile Welt um jeden Preis.

Doch Wut, so banal es klingt, ist nicht nur normal. Sie kann auch hilfreich sein, wenn es darum geht, die eigenen Grenzen zu bewahren. Sie kann uns zeigen, dass wir ein wichtiges Problem in unserem Leben angehen müssen. Sie ist ein Fingerzeig, dass wir in einer Partnerschaft, in der Familie oder im Job zu viel von unserer eigenen Persönlichkeit aufgeben, um zu gefallen, um ja nicht negativ aufzufallen.

Wenn wir Wut in uns aufsteigen spüren, kann das bedeuten, dass wir an der Grenze unserer Kraft angelangt sind, dass es Zeit wird, an uns selbst zu denken. Wenn wir ans heiße Bügeleisen langen, zwingt uns der Schmerz, die Hand zurückzuziehen. So wie der Schmerz den Körper, beschützt die Wut unsere Psyche, unser Inneres, vor Verletzungen.

Deshalb ist es wichtig zu wissen, warum wir wütend geworden sind. Wenn wir die Gründe für unsere Aggressionen kennen, können wir die Ursache für unsere Wut beseitigen. Doch das kann ein sehr schmerzhafter Weg sein, wie wir später noch sehen werden.

Wut ist ganz normal, ein Gefühl wie jedes andere auch. Mit ihr umzugehen kann deshalb schwierig sein, weil wir in der Regel dazu erzogen wurden, uns vor diesem Gefühl zu fürchten. Wut ist nicht nur normal, sie kann uns auch helfen: Sie tritt auf, wenn wir unsere eigenen Grenzen überschritten haben oder wenn wir zu kurz kommen und uns vielleicht von anderen Menschen ausgenützt fühlen.

2. Kapitel

Wut im Alltag

Dieses Buch unterscheidet zwei Formen von Wut: Zum einen geht es um den ganz alltäglichen Zorn, der uns Tag für Tag überfallen kann. Zum anderen geht es um tief liegende Gefühle, die uns dazu bringen, uns wütend, ohnmächtig, traurig zu fühlen.

Es gibt viele Situationen, die uns im Alltag so richtig stinksauer machen – und jeder von uns kennt sie. Bei dem einen sinkt der Blutzuckerspiegel, weil er vergessen hat, etwas zu essen (da gibt es ein einfaches Gegenrezept: ein Brötchen oder ein Stück Traubenzucker). Anderen läuft die Zeit davon, es gibt Stress in der Familie, Hektik am frühen Morgen, Wut am Arbeitsplatz, weil ein Auftrag nicht so geklappt hat, wie wir uns das vorgestellt haben.

Alltagswut kennt jeder, und jedem ist sie unangenehm. Sie hat oftmals kleine Ursachen – die sich aber wenigstens beheben lassen. Bei dieser relativ oberflächlichen Form des Zorns kann man ganz gezielt vorgehen (und hier helfen bisweilen sogar die üblichen Alltagstricks: bis zehn zählen, sich etwas Schönes vorstellen, auf ein Sofakissen einboxen).

Bei der tief gehenden Wut, die aus Kindheitserfahrungen resultieren kann, ist das, wie wir sehen werden, oft anders. Aber wenden wir uns erst dem ganz alltäglichen Ärger zu.

Der ganz alltägliche Wahnsinn

Eigentlich wollen alle Familienmitglieder der Familie S. dasselbe: Am Samstag soll eitel Sonnenschein herrschen, die Familie möchte gemeinsam etwas unternehmen und sich von den Schul-, Job- und Haushaltsstrapazen erholen. Stattdessen gibt es regelmäßig am Samstagmorgen Streit. Sohn Andreas will zum Fußballtraining, das um zehn Uhr beginnt. Tochter Susanne will reiten.

Davor wird gefrühstückt, Sportzeug gepackt und die Wohnung aufgeräumt. Findet die Mutter. Dem Vater geht die ganze Situation auf die Nerven, er würde den Morgen lieber ruhiger angehen und findet, es sei eh nicht genug Zeit, um ein solches Programm auf die Reihe zu kriegen. Um halb zehn morgens hat noch niemand auch nur das kleinste Stückchen Toast gegessen, die Fußballschuhe stehen immer noch im Keller herum. Und die Zeit läuft. Spätestens da ist Krise bei Familie S. angesagt.

Typische Alltagswut entsteht oft dadurch, dass alle Beteiligten schon vorher wissen, wie es in Stresssituationen sein wird, und dann in Rage geraten, wenn es so weit ist.

Die Mutter schreit die Familie an: »Ich bin nicht euer Fußabtreter! Immer muss ich mich um alles kümmern!« Der Vater brüllt zurück: »Warum stehen wir auch immer so spät auf, kein Wunder, dass wir solchen Stress haben.« Und die Kinder mischen munter mit.

Erst wenn der eine Sprössling auf dem Fußballplatz und der andere im Reitstall ist und alle etwas gegessen haben, kehrt wieder Friede ein. Und jeder fragt sich: Hätte diese Streiterei sein müssen?

Solch wiederkehrender Stress hat damit zu tun, dass jedes Familienmitglied sein eigenes eingefahrenes Muster verfolgt, wenn es darum geht, eine mehr oder weniger unangenehme Situation zu überstehen. Aus mehreren Gründen gibt es in diesem Punkt keine Verständigung zwischen den Beteiligten. Dabei ließe sich die Situation entschärfen, wenn alle bereit wären, sie aus einem neuen Blickwinkel zu betrachten, anstatt ihre kostbare Zeit mit nutzlosem Streit zu vergeuden.

Die Bamberger Wut-Forscherin Hannelore Weber beschreibt eine Studie, in der 82 Teilnehmerinnen im jüngeren und mittleren Erwachsenenalter die Frage gestellt wurde: »Wenn Sie sich in der Familie ärgern, was tun Sie, um Ihre Wut loszuwerden?«

Hier die Statistik – Mehrfachnennungen waren möglich:
43% schreien, toben, schimpfen
40% bemühen sich um ein klärendes Gespräch
32% lenken sich mit Aktivitäten ab
28% setzen sich gedanklich mit der Sache auseinander
26% ziehen sich zurück
24% treiben Sport oder bewegen sich
18% tun gar nichts und warten ab
15% rauchen, essen, trinken Kaffe, Tee oder Alkohol
10% reden mit Dritten darüber.

Das Drei-Schritte-Sofort-Programm gegen Alltagszorn

Sicherlich kennen Sie Stresssituationen, in denen Sie wütend reagiert und nahe liegende Lösungen nicht erkannt haben. Im Falle der Familie S. könnte das sein, dass sich alle gemeinsam zu einer Familienkonferenz zusammensetzen und festlegen, wie der Samstag harmonischer über die Bühne gehen könnte: durch früheres Aufstehen, wechselnden Frühstücksdienst, Herrichten der Fußballtasche am Abend zuvor, etc.

Wenn Sie das Streit-Muster erkannt haben, das Ihnen den letzten Nerv raubt, dann betrachten Sie es aus einer anderen Perspektive.

Schritt 1: Erinnern Sie sich an Situationen, in denen Sie die Nerven behalten haben.

»Stress ist Stress. Und der führt bei mir eben dazu, dass ich wütend reagiere«, sagt Mutter S. und hat Recht damit. Aber könnte man dem Stress nicht auch anders begegnen? Sicherlich hat es Gelegenheiten gegeben, in denen auch Sie in eine stressige/gefährliche/negative Situation geraten sind und dennoch die Nerven behalten haben. Wie haben Sie sich dabei gefühlt? Schließen Sie die Augen und versuchen Sie, sich ein Bild von dieser Situation zu machen.

Schritt 2: Schrei(b)en Sie die Wut hinaus.

Jetzt erinnern Sie sich an unangenehme Situationen, in denen Sie hektisch und ärgerlich reagiert haben. Am Besten stellen Sie sich eine Situation vor, in der Sie wiederkehrend wütend reagiert haben, zum Beispiel, weil es zwischen Ihnen und Ihren Eltern oder Ihrem Partner ein Dauerstreitthema gibt oder weil Ihr Chef ständig Überstunden von Ihnen verlangt. Fast jeder von uns hat für bestimmte Situationen, die ihm die Fassung rauben, ein wiederkehrendes Verhaltensmuster.
Nehmen Sie Bleistift und Zettel in die Hand und notieren Sie sich alle Gefühle, Reaktionen, aber auch körperliche Zeichen, die Ihnen dazu einfallen. Zum Beispiel: »Ich fühlte mich traurig und leer. Mein Gesicht kam mir ganz heiß vor, ich ballte die Fäuste.«

Schritt 3: Wütend sein und cool bleiben

Jetzt geben Sie sich Zeit, darüber nachzudenken, wie es Ihnen körperlich und psychisch gegangen ist, als es Ihnen gelungen ist, in einer aggressionsbeladenen Situation ganz ruhig zu bleiben. Welche Zeichen hat Ihnen Ihr Körper gesendet? Welches (Überlegenheits-)Gefühl stellte sich bei Ihnen ein? Was haben Sie unternommen, um Zeit zu gewinnen, um nachzudenken, zu entspannen und abzuschalten?
Schließen Sie die Augen und erleben Sie die Situation mit allen Sinnen. Sehen Sie, was Sie damals gesehen haben, machen Sie sich ein Bild mit allen Farben und Nuancen – so, als würden Sie es fotografieren. Versu-

chen Sie zu schmecken, zu fühlen wie damals. Wie hat sich Ihr Körper verhalten? Wie haben Sie Ihren Mund bewegt? Wie war Ihre Atmung – oberflächlich oder tief? Wie waren Ihre Augen – zusammengekniffen, weit offen, starr? Wie haben sich Ihre Muskeln angefühlt?
Und nun gehen Sie in das andere Extrem – denken Sie an eine Situation, in der Sie sich überfordert fühlten, an einen Moment, in dem ihre Emotionen hochgekocht sind und Sie die Fassung verloren haben. Lassen Sie wieder alle Ihre Sinne sprechen – denken Sie an Farben, Geräusche, Gefühle. Stellen Sie alle Einzelheiten genau fest.
Vergleichen Sie: Welche Unterschiede gibt es zwischen den Bildern, den Farben? Wie klang Ihre Stimme, wie die der anderen? Wie bewegten Sie die Hände? Welchen Geschmack hatten Sie auf der Zunge? Was rochen Sie?

Check für die Cool-Wütend-Übung

- Welche Farben sahen Sie in einer Situation, in der Sie wütend waren? Wie wirkten die Farben, wenn Sie Stress und Ärger cool begegnet sind?
- Wie hat Ihr Körper reagiert? Wie fühlten sich die Hände an? Waren sie geballt oder offen? Welche Muskeln haben Sie gespürt? War beispielsweise Ihre Schultermuskulatur entspannt oder verspannt?
- Wie war die Atmung? Schnell und oberflächlich? Oder tief?
- Wie hörten sich Ihre Stimme und die Ihres Gegners an?
- Was rochen Sie, was schmeckten Sie? Hatten Sie einen metallischen Geschmack im Mund oder einen neutralen?

Der Weg aus der Wut: Lernen, Muster zu durchbrechen

Die Wahrnehmung eines jeden einzelnen Menschen ist sehr unterschiedlich: Einigen bleiben Gerüche besonders gut in Erinnerung, andere prägen sich vor allem Geräusche oder Farben ein. Durch die Cool-Wütend-Übung haben Sie vermutlich schon Ihre Präferenz herausgefunden. Die Nürnberger Professorin Barbara Schott unterscheidet zwischen so genannten Augen- und Ohrenmenschen. Beide können ihre inneren Wahrnehmungsmuster – so die Lehre des Neuro-Linguistischen Programmierens (NLP), die auch Schott vertritt – verändern.

■ Tipps für Augenmenschen

Beim Augenmenschen geht es um innere Bilder. Wäre beispielsweise Mutter S. ein Augenmensch und sollte sie ein für ihre Familie typisches Bild zeichnen, so hätte sie vermutlich eine Szene vor Augen, in der ihre Familie im Chaos versinkt: Sie steht vor ungepackten Koffern, während der Frühstückstisch noch mit Brotkrümeln übersät ist. Mit solchen inneren Bildern gelassen zu bleiben – ein Ding der Unmöglichkeit.
Doch man kann sie ändern. Man kann Bilder auswählen, die eher positive Gefühle auslösen.

Verabschieden Sie sich von negativen inneren Bildern. Lassen Sie positive, freundliche Bilder in sich wachsen.

Übungen für Augenmenschen (nach Barbara Schott):

Bilden Sie Ihr inneres Stressbild wie eine Fotografie ab. Dann verkleinern Sie es, bis es nur noch ein Pünktchen ist. Vergrößern Sie es wieder und schieben Sie es weg von sich, so weit Sie mögen. Wichtig ist, dass Sie bei dieser Übung auf sich selbst, Ihre Atmung, Ihre Gefühle achten.

Bei welchem imaginären Abstand fühlen Sie sich am wohlsten? Cool bleiben, schreibt Schott, heißt, seine Bilder in die richtige Perspektive zu rücken. Angenehmer Nebeneffekt: Sie können die Situation in einem neuen Licht betrachten.
Wenn die Stressbilder auf diese Weise nicht verändert werden können, können Sie es mit einer zweiten Übung probieren: Stellen Sie sich vor, Ihr eingebildetes Stressbild hängt in einer Galerie und Sie schauen es sich an. Dann nehmen Sie es geistig vom Haken und ersetzen es durch ein neues. Sicher haben Sie ein inneres Lieblingsbild von einer Situation. Beispielsweise: Sonntags sitzt die ganze Familie entspannt beim Frühstück, die Sonne scheint durchs Küchenfenster, die Farben sind froh und hell, der Tisch ist schön gedeckt.

■ Tipps für Ohrenmenschen (nach Barbara Schott):

Ohrenmenschen achten stärker auf Worte, auf Gesagtes und Gehörtes. Die eher akustisch orientierten Menschen machen, so schätzt Schott, etwa nur zehn Prozent der Bevölkerung aus.
Doch nicht nur Bilder, auch Worte lassen sich ändern. Ohrenmenschen haben – vereinfacht – ein inneres Tonband, von dem sie schöne Musik spielen lassen können oder hässliche, es laut aufdrehen können oder leise. Mit Worten beschwören wir häufig Situationen herauf, in denen wir das Unheil schon prognostizieren: »Das kann ja nur in die Hosen gehen.« Oder: »Wahrscheinlich wird das Wochenende wieder superhektisch.« Aber mit dieser negativen Aussage blockieren wir positive Gefühle, schneiden uns davon ab, eine Situation beispielsweise humorvoll zu sehen. Es gibt einen einfachen Trick, der auch Wütende zum Schmunzeln bringt. Der negative Satz, beispielsweise »Das kann ja nur in die Hosen gehen«, soll laut gesagt werden und dabei soll jeweils nur ein Wort übertrieben stark betont werden. Wetten, dass Sie nach dem dritten Satz lachen?
Stattdessen könnten Sie nun ein neues Tonband ablaufen lassen, das optimistischer klingt und Ihnen Spaß macht. Zum Beispiel: »Es ist Samstagmorgen. Ich freue mich auf das Wochenende. Ich bin zuversichtlich, dass wir uns entspannen werden. Ich bin locker und gehe die Situation cool an.«

Den neuen Satz – er kann kurz oder lang sein, Hauptsache, Sie glauben daran – können Sie sich mit melodiöser Stimme vorsagen oder auch singen, wenn Sie Lust haben. Und dann probieren Sie, ob´s klappt: Stellen Sie sich eine Alltagssituation vor, die Sie gewöhnlich Nerven kostet. Horchen Sie, wie gesprochen wird. Und dann sagen Sie Ihren Zaubersatz. Wenn Sie ihn sich wirklich gut eingeprägt haben, müssten Sie sich besser fühlen, den Eindruck haben, als hätten Sie die stressige Situation nun unter Kontrolle.

Schön und gut, die kleinen Übungen, werden Sie einwenden. Was aber, wenn mich der Zorn ganz plötzlich überfällt, unvorbereitet?
In der Regel hat jeder für solche Situationen sein Hausmittelchen. Manche nehmen ein heißes Bad (vorausgesetzt, es ist eins vorhanden), andere zählen bis zehn, atmen tief durch, versuchen es mit autogenem Training oder prügeln auf ein Sofakissen ein.
Aber in der Öffentlichkeit wäre es ja vielleicht besser, etwas weniger auffällige Strategien zu entwickeln. Hier ein paar Tipps:

Heimliche Übungen gegen Wut:

- Versuchen Sie es mal mit Gähnen: Das vertieft die Atmung, regt den Kreislauf an und verbessert die Energiezufuhr zum Gehirn. Außerdem löst es die Spannung im Kopf und Kiefer. Massieren Sie gleichzeitig leicht Ihre Kiefergelenke dazu – sie tendieren dazu, unter Stress zu verspannen.

- Atmen Sie tief und in den Bauch hinein. Am Besten können Sie das kontrollieren, indem Sie eine Hand auf Ihren Unterbauch, direkt über dem Schambein, legen. Atmen Sie ganz tief ein und aus und fühlen Sie, wie Ihr Bauch sich mit der Atmung bewegt.

- Barbara Schott schlägt die Zauberfeder vor – mit ihr können Sie Ihre Gegner wirkungsvoll entwaffnen und sich selbst innerlich stärken. Stellen Sie sich vor, an Ihrer Nase wäre eine Feder befestigt, mit der Sie die Gegenstände Ihrer Umgebung, die Landschaft, den Fußboden berühren. Fahren Sie alles mit der Feder nach, was Sie interessiert – auch lästige Mitmenschen. Sie können sich ja vorstellen, Sie würden sie kitzeln. Im Supermarkt, beim Anstehen an der Kasse, hilft Ihnen die Übung, gelassen zu sein und die Langeweile zu vertreiben.

- Eine gute Übung für Bürohengste und -stuten: Malen Sie liegende Achten, schwungvoll von links oben nach rechts unten. Vermutlich ist die liegende Acht am Anfang nicht symmetrisch, die eine Seite rund, die andere etwas flacher. Das ist ein Zeichen dafür, dass Sie innerlich nicht im Lot sind. Erst wenn Ihnen beide Bögen gleichmäßig von der Hand gehen, ist Ihr Gehirn in der Balance.

- Und so können Sie Ihre Energie darauf lenken zu entspannen: Stehen Sie breitbeinig da. Dann heben Sie die Schultern richtig an – so, als wollten Sie damit Ihre Ohren berühren. Kurz halten, und dann fallen lassen. Wiederholen Sie diese Übung so lange, bis Sie das Gefühl haben, im Schulter- und Halsbereich entspannt zu sein. Und dann küssen Sie sich selbst auf die Schulter, einmal links und einmal rechts – es ist besser, sich selbst zu lieben, als auf andere sauer zu sein!

Vielleicht haben Sie jetzt Ihren Alltagszorn tatsächlich schon etwas besser im Griff, sehen schwierige Situationen auch mal von der lockeren, humorvollen Seite. Immer geht das allerdings nicht. Besonders dann nicht, wenn die Wut tief aus Ihrem Innersten kommt und nicht durch banale Alltagsärgerlichkeiten verursacht wurde.
Es gibt Situationen, in denen es viel schwieriger ist, die Wut in den Griff zu kriegen: In der Partnerschaft und in der Familie. Denn da liegen die Wurzeln, wie wir bereits gesehen haben, oftmals im Verborgenen.
Bevor wir beginnen, uns mit diesem Thema zu beschäftigen, testen Sie doch erst einmal, zu welchem Wut-Typus Sie gehören.

3. Kapitel

Kleine Typologie der Zornigen

Wut hat viele Formen und Gesichter. Manchmal kommt sie ganz sanft daher. Manchmal spürt man sie nicht – vermeintlich. Und manchmal bricht sie sich Bahn, wird zu einem Vulkan. Es gibt keinen einzigen Menschen, der nicht irgendwann einmal Zorn verspürt.

Die Gezähmte

Laute Töne sind ihr zuwider, stoßen sie ab. Sie hält sie für unzivilisiert. So sollten erwachsene Menschen nicht miteinander umgehen! Wenn es denn Auseinandersetzungen geben muss, dann bitte sachlich und höflich. Jeder sollte seinen Standpunkt vernünftig vortragen und dann sollte man zu einem gemeinsamen Entschluss kommen. Wenn die Gezähmte auf einen Gegner trifft, der gewohnt ist, seine Ansprüche mit härteren Bandagen durchzusetzen, gibt sie lieber nach, als sich auf lautstarken Krach einzulassen. Das war schon zu Hause so: Da hatte die Mutter lieber den Kürzeren gezogen und hintenherum dann doch gemacht, was sie wollte. »Weisheit der Frauen« nannte sie diese Taktik.

Ob ein solches Vorgehen »weise« ist, mag dahingestellt sein, zumindest ist es bequemer, als dafür einzustehen, was man möchte, und deutlich zu sagen, was man nicht will. Allerdings – nicht immer ist eine Hintertür offen, und so bleiben die eigenen Wünsche schnell mal auf der Strecke. Darüber hinaus: Ein solches Versteckspiel löst häufig Konflikte aus, die sich vermeiden ließen, wenn man einfach offen und ehrlich miteinander umgehen würde.

Die Cholerikerin

Der Blutdruck steigt, die Zähne knirschen, die Hände ballen sich zu Fäusten, das Gesicht läuft rot an, die Adern schwellen. Und dann: ein Schrei. Sie sind fast besinnungslos vor Zorn, kriegen kaum mehr Luft, merken, wie Ihnen die Beherrschung entgleitet. Aber es ist Ihnen egal. Sie brüllen Ihre Wut heraus, gleichgültig, was die anderen über Sie denken.
Wahrscheinlich haben Sie über einen längeren Zeitraum Wut in sich angestaut, Probleme in sich hineingefressen – und plötzlich halten Sie es nicht mehr aus... Der Auslöser ist oftmals banal. Die Kinder haben mit schmutzigen Händen an die Wand gepatscht, der Geliebte ist zum hundertsten Mal zu spät gekommen. Oder Ihnen ist einfach eine Tasse zu Boden gefallen – das i-Tüpfelchen nach einem langen, stressigen Tag.

Die Cholerikerin nimmt sich tausendmal vor, sich das nächste Mal besser zu beherrschen, allein, sie kann's nicht...

Und hinterher? Da schämen Sie sich, fragen sich: Wie konnte ich bloß derartig die Nerven verlieren?

Die impulsive Zerstörerin

Ein klassischer Fall: Susa. Sie kommt nach Hause und erwischt ihren Mann mit einer anderen im Bett. Sie schreit und heult, knallt die Türen, wirft mit Tellern um sich, reißt die Bilder von der Wand, zerschmettert die Flakons, die er ihr geschenkt hat, und vieles andere mehr.
Kurze Zeit darauf: Der Geliebte und sein Seitensprung sind geflohen. Susa ist allein zu Haus – umgeben von Glasscherben und Holzsplittern, Flecken auf den Teppichen und an den Tapeten und einem Riesen-Chaos in der Küche. Die Wut ist immer noch da – denn Gläser, Tiegel, Teller und Töpfe eignen sich nicht, um den rasenden Zorn auf eine Nebenbuhlerin loszuwerden. Und Susa sitzt in einer verwüsteten Wohnung, inmitten all der Trümmer und ist selbst am Boden zerstört. Gerächt fühlt sie sich auch nicht.

Die Rächerin

Die Augen werden schmal, die Lippen sind fest zusammengepresst, der ganze Körper wird starr und abweisend. Sie wurden angebrüllt? Zogen in einer Situation den Kürzeren? No problem – für Sie. Denn innerlich planen Sie schon eiskalt, wie Sie es Ihrem Partner heimzahlen können. Dann ziehen Sie die »Ich beachte dich gar nicht«-Nummer ab, tagelang wenn's sein muss. Sie warten – wenn nötig sogar ewig – auf die Gelegenheit, es Ihrem Kontrahenten heimzuzahlen.
Was es bringt? Ein kleines bisschen innere Genugtuung, dass Sie es dem anderen so richtig gezeigt haben. Aber der Konflikt, der Ihren Zorn entfachte, der ist damit noch immer nicht aus dem Weg.

Die Weinende

Ein Streit, beispielsweise über das Urlaubsziel, die neue Wohnung oder nur um die Anschaffung neuer Handtücher: »Du willst immer Recht haben«, brüllt Ihr Partner. »Nein, du«, schreien Sie zurück. So geht das hin und her, obwohl längst alle Argumente aufgebraucht sind.
Und am Schluss geht es nur noch um Härte und Macht. Wer länger durchhält, hat gewonnen, wer die stärkeren Nerven hat, ist Sieger. Aber die haben Sie nicht. Sie brechen in Tränen aus. Zeigen sich von Ihrer ganz weichen, weinerlichen, schwachen Seite. So wie ein Hundekampf gewöhnlich damit endet, dass der unterlegene Rüde zum Zeichen seiner Unterwerfung dem siegreichen Gegner seine Kehle darbietet, signalisieren Sie Ihrem Partner: Ich bin schwach, ich habe verloren, verzeih, dass ich dich herausgefordert habe.

Wer sich schwach und nachgiebig zeigt, der kriegt eins auf den Deckel.

Sie vertrauen dabei darauf, dass doch wohl niemand einer weinenden Frau etwas abschlagen kann. Das klappt einmal, vielleicht auch zweimal, aber wenn Ihr Gegner erst einmal kapiert hat, dass er Sie nur lange genug weich kochen muss, um ans Ziel seiner Wünsche zu gelangen, haben Sie das Nachsehen.

Die Verzagte

Kennen Sie das auch? Die reumütige Beschwörungsformel nach einer Auseinandersetzung: »Ich bin schuld. Alles ist mein Fehler. Wäre ich nur geduldiger/ruhiger/weniger verletzbar.« Sie geben nicht nur auf – nein, Sie klagen sich dafür an, überhaupt jemals wütend gewesen zu sein. So schaffen Sie es weder, Ihre Ansprüche durchzusetzen, noch gelingt es Ihnen, Ihre Wut zu artikulieren.

Wut macht Ihnen Angst. Vor allem vor den Konsequenzen der Wut fürchten Sie sich: Sie könnten weniger geliebt werden, der Mensch, mit dem Sie streiten, könnte sich von Ihnen abwenden. Sie sind zwar sauer und wütend, aber gleichzeitig fürchten Sie sich, Ihren Gefühlen Luft zu machen.

Wenn Wut bei Ihnen regelmäßig das Gefühl der Ohnmacht hervorruft, wenn Sie immer darauf verzichten, für Ihre Ansprüche zu kämpfen, weil der andere ja sowieso gewinnt, ist das gefährlich für Ihr Selbstwertgefühl. Eine solche Haltung kann zur Teilnahmslosigkeit führen – ja, sogar in eine Depression münden.

Die Implosive

»Worüber ärgern Sie sich am meisten?«, fragt der amerikanische Psychologe John Lee regelmäßig die Besucher seiner Wut-Seminare. Und er erhält in den meisten Fällen die einfache Antwort: »Über mich selbst«. Weil wir im Job nicht gut genug sind. Weil wir in unserer Partnerschaft versagen. Weil wir ungerecht/schwach/labil sind. Oder vielleicht aus einem ganz versteckten Grund: Weil wir es nicht geschafft haben, das zu sagen, was wir wirklich denken, dem Ausdruck zu geben, was wir fühlen.

Wie oft lassen wir uns von anderen überfahren? Sie zwingen uns mit sanfter oder auch roher Gewalt ihren Willen auf, und wir selbst bleiben dabei auf der Strecke, verzichten auf das, was wir wollten, was uns wichtig ist.

»Mensch, bist du wieder blöd gewesen«, beschimpfen wir uns dann selbst. »Alles deine Schuld, wenn du klüger gewesen wärst, hättest du dich nie in das Schlamassel hineingeritten«, nörgelt eine unüberhörbare innere Stimme. Die Unzufriedenheit darüber, dass wir unseren eigenen

Ansprüchen nicht genügen, lässt sich schlecht nach außen projizieren, und so wütet sie oft in unserem Inneren. Nicht selten beginnen wir dann, an uns selbst zu zweifeln, und verlieren das Vertrauen in unsere Fähigkeiten.

> Hadern Sie nicht mit sich selbst! Zermürben Sie sich nicht mit Selbstvorwürfen! Denn Wut-Forscher Lee warnt: »Der gegen uns selbst gerichtete Ärger oder Zorn ist die schädlichste Form der Wut.«

Jetzt haben Sie vielleicht erfahren, welcher Wut-Typ Sie sind. Vielleicht treffen in unterschiedlichen Situationen auch unterschiedliche der oben genannten Verhaltensmuster auf Sie zu – mal sind Sie Cholerikerin, mal die Implosive, mal die Weinende. Allen gemeinsam ist: Sie bringen wenig oder gar nichts. Lesen Sie in den folgenden Kapiteln, welche Motive Ihre Wut hat. Sie können dann lernen, besser mit ihr umzugehen. Denn Zorn kann auch ganz schön gefährlich werden – nicht nur für andere, sondern auch für Sie selbst.

4. Kapitel

Wut und Psyche

Sie wurde nicht geliebt – also ritzte sie sich selbst mit Rasiermessern in die Arme. Sie fühlte sich übergangen, belogen, einsam. Sie schlang Essen in sich hinein und erbrach sich, Tag für Tag. Sie hungerte sich halb zu Tode. Die englische Prinzessin Diana war ein klassisches Beispiel dafür, wie sich unterdrückte, verdrängte Wut gegen einen selbst richten kann. Die Folge sind Krankheiten, mit denen wir uns im Grunde selbst bestrafen: Fress- oder Magersucht sind typische Anzeichen für nicht ausgelebten Zorn.

Menschen, die Angst haben, ihre »hässliche« Seite zu zeigen, spalten vermeintlich negative Gefühle von ihrer Persönlichkeit ab – sie hören auf, sie zu empfinden.

Viele Frauen haben schon mit der Muttermilch die Überzeugung eingesogen, dass sie kein Recht darauf haben, böse, aggressiv oder wütend zu sein. Diese Maxime haben sie derart verinnerlicht, dass sie Teil ihres Selbstbildes geworden ist. Wenn sie nun plötzlich doch von rachsüchtigen Gedanken gepeinigt werden oder rasender Zorn sie plagt, lösen diese Emotionen bei ihnen blankes Entsetzen aus, weil sie fürchten, dass etwas mit ihnen nicht stimmt. Es bleibt ihnen gar nichts anderes übrig, als diese Gefühle zu verdrängen, ihrem Bewusstsein zu verbieten, sie als Teil ihres Seelenlebens anzunehmen. »Um die Oberfläche attraktiv zu

machen, halten sie das wütende Ungeheuer in ihrem Inneren versteckt«, mutmaßen die US-Feministinnen Mary Valentis und Anne Devane.
Es sind vor allem die gesellschaftlichen Bedingungen, unter denen Frauen aufwachsen und leben, die sie zu Meisterinnen der Selbstverleugnung machen. Von Geburt an machen sie die Erfahrung, dass ihr Geschlecht als minderwertig betrachtet wird. Darum sind sie von Anfang an darum bemüht, dieses Defizit durch besonders angepasstes Verhalten auszugleichen – auch um den Preis, dass sie ihre eigenen Wünsche und Bedürfnisse aufgeben müssen. »Dadurch werden die meisten von ihnen so geschickt darin, ihre Gefühle abzuspalten, dass sie gar nicht mehr erkennen, auf welche Weise sie sich selbst betäuben«, schreiben die Wut-Expertinnen Valentis und Devane.

Wenn eine Frau den Kontakt zu ihren Gefühlen, ihren Wünschen, ihrem eigenen Ich verliert, kann das zu bestimmten Persönlichkeitsmerkmalen führen. Solche Frauen können beispielsweise kontrollsüchtig werden, sie können unfähig sein, Zärtlichkeit und Nähe zu geben, perfektionistisch oder beachtungssüchtig.

Valentis und Devane beschreiben einige Persönlichkeitsauffälligkeiten von wütenden Frauen.

- **Die Beachtungssüchtige** neigt zu Dramatik, übertreibt gern, verleibt sich alles Neue gierig ein und nimmt gerne die verschiedensten Rollen an: Opfer, Prinzessin, Märtyrerin. Den Frauen ist meist gar nicht bewusst, dass sie nichts anderes tun, als ständig zu schauspielern. Weil sie sich machtlos fühlen, brauchen sie die Bestätigung von außen. Bekommen sie die nicht, werden sie wütend.

- **Die Passiv-Aggressive** zeigt ihren Zorn, indem sie eingegangene Verpflichtungen nicht erfüllt oder sich absichtlich dumm anstellt. Sie trödelt herum, ist unzuverlässig, halsstarrig, vergesslich und bringt schlechte Leistungen. Das äußere Versagen ist ihre Möglichkeit, dem anderen zu zeigen: »Ich bin wütend auf dich.« Doch damit wenden sich die Frauen nicht nur gegen ihre Gegner, sondern auch gegen sich selbst. Sie werden zur Selbst-Saboteurin. Diese Form der Wut kann sogar so weit gehen, dass Frauen ihre eigene Beförderung im Betrieb untergraben.

- **Die Angepasste** will immer gefallen und setzt sich selbst dafür zurück. Sie trennt ihre eigenen Gefühle und Gedanken nicht von denen anderer Menschen. Während sie sich ständig darum bemüht, es anderen recht zu machen, mangelt es ihr an Selbstvertrauen und an einem Gefühl für die eigenen Grenzen. Gleichzeitig jedoch ist sie voller Zorn auf ihre Abhängigkeit und ihre Machtlosigkeit – ein wahrer Teufelskreis.

Wie unser Körper reagiert

Nicht ausgelebte Wut kann so weit gehen, dass Frauen krank werden. Wut-Forscherinnen aus den USA haben eine interessante Entdeckung gemacht: Beschwerden von Frauen, die mit Wut ein Problem haben, treten zumeist im oberen Drittel des Körpers auf. Das heißt: Die Frauen haben Probleme mit ihrer Nacken- und Schultermuskulatur, verspannen leicht und neigen dazu, in diesem Bereich Schmerzen zu haben. Unterdrückt-wütende Frauen können auch unter Asthma leiden oder Migräne-Anfälle durchmachen.

Häufig sind auch Halsschmerzen und Schwierigkeiten mit Kiefer und Zähnen die Folge: Viele Frauen knirschen nachts mit den Zähnen. Sie wachen auf mit schmerzenden Kiefern, Kaumuskeln und Kopfschmerzen. Der Zahnarzt verpasst ihnen häufig eine Schiene, damit wenigstens die Zähne nicht allzu sehr abwetzen. Ob das nützt?

Wenn Ihnen diese Symptome bekannt vorkommen, sollten Sie überlegen, ob vielleicht auch bei Ihnen unterdrückter Zorn als Erklärung in Frage kommt. Das muss nicht so sein, aber in jedem Fall sind derartige Beschwerden Anlass genug, sich genau zu beobachten. Achten Sie darauf, wann die Symptome auftauchen, stärker oder schwächer werden. Möglicherweise erhalten Sie einen Hinweis auf Stressfaktoren, die Ihnen selbst noch nicht bewusst sind.

Unterdrückter Zorn hat möglicherweise noch viel gefährlichere Folgen für die Gesundheit als die oben genannten. Eine große Studie, die in den 70er Jahren an der Universität von Michigan durchgeführt wurde, kam zu einem bedenklichen Ergebnis. Die Forscher führten bei Frauen Persönlichkeitstests durch. 19 Jahre später wurden dieselben Frauen erneut interviewt. Das Resultat: Die Sterblichkeitsrate war bei den Frauen, die zuvor Symptome von »chronischem Zorn« und »langzeitig unterdrücktem Zorn« gezeigt hatten, dreimal höher als bei anderen Frauen ihres Alters.

Unterdrückte Wut ist ein Gesundheitsrisiko.

Andere neuere US-Untersuchungen bringen verdrängten Zorn mit einem höheren Cholesterinspiegel, Bluthochdruck, erhöhtem Herzinfarktrisiko und anderen Erkrankungen des Herz-Kreislauf-Systems in Verbindung. Männer, die ihre Wut und ihren Ärger nicht kontrollieren können, leiden häufiger unter Herzerkrankungen als so genannte beherrschte Persönlichkeiten. Den Beweis für diese Vermutung lieferte eine Studie der Harvard Medical School in Boston: Die Forscher beobachteten sieben Jahre lang 1305 Männer (Durchschnittsalter: 61 Jahre). Diejenigen, die ihrem Ärger mit Fußtritten gegen Möbel oder Aggressionen gegen Mitmenschen Luft machten, hatten ein bis zu dreimal höheres Risiko, einen Herzanfall zu erleiden, als ihre ruhigeren Altersgenossen.
Die wissenschaftliche Erklärung: Ärger steigert die Ausschüttung von Adrenalin und Noradrenalin im Körper. Unter dem Einfluss dieser Stresshormone verändert sich die Oberflächenstruktur der Blutplättchen, die eine wesentliche Rolle bei der Blutgerinnung spielen. Als Folge erhöht sich das Risiko von Gerinnseln in den Herzkranzgefäßen.

Lieber betäubt als zornig

Alkohol enthemmt. Und er beruhigt. Mit Hilfe von Alkohol kann man die Wut entweder betäuben und sich in eine bessere Stimmung versetzen, oder aber man kann sich den Mut antrinken, den man braucht, um seinen Zorn endlich herauszulassen. Der letzteren Variante liegt häufig ein unbewusstes Kalkül zu Grunde: Wenn Frauen, die zu viel getrunken haben, wütend werden, prügeln und schreien, brauchen sie hinterher nicht die Verantwortung für ihre »schlechten Gefühle« zu übernehmen – schließlich waren sie ja viel zu benebelt, um wirklich zu wissen, was geschah.

Manche Menschen können ihre »schlechten Gefühle« nur mit Hilfe von Alkohol oder anderen Drogen ausleben, weil sie das, was sie im Rausch tun, hinterher nicht verantworten müssen.

Wo ein solches Verhalten jedoch zur Gewohnheit wird, ist ein schreckliches Ende programmiert. Vielen Alkoholikerinnen, die mit dem Trinken anfingen, um quälenden Situationen zu entrinnen, zerrann schließlich ihr Leben.

Depressionen

Unter Depressionen versteht grundsätzlich jeder etwas anderes: Für den einen ist es ein Symptom, wenn er beispielsweise sagt: Ich bin deprimiert. Andere meinen damit eine Art äußeres Anzeichen, wenn ihnen auffällt, dass jemand besonders bedrückt wirkt. Psychologen kennen leichte und schwere Formen von Depressionen, die richtig krankhaft werden können und Menschen unter einen so extremen Leidensdruck setzen, dass sie ihr normales, gewohntes Leben nicht mehr meistern können.

Depressionen können ein Zeichen von nach innen gerichteter Wut sein.

Die meisten Menschen leiden irgendwann in ihrem Leben unter traurigen Stimmungen, bekommen »ihren Moralischen«. Eine depressive Störung geht aber viel weiter. Eine Depression, die behandelt werden muss, führt zu einer Beeinträchtigung nahezu aller Lebensbereiche, verändert das Verhalten, die Stimmung, das Denken und die Leistungsfähigkeit.

Was sind die Ursachen für diese merkwürdige Krankheit? Psychologen kennen verschiedene Erklärungsmuster. So können plötzliche dramatische Lebenseinschnitte eine Depression hervorrufen, Vererbung kann ein Faktor sein.
Und auch die Wut kann eine Rolle beim Thema Depressionen spielen. »Depressionen sind verhüllte Wut, sie kaschieren Gefühle, die von der Gesellschaft geächtet werden«, schreiben Valentis und Devane.

Essstörungen

Frauen, die geliebt werden wollen, müssen sanft sein, schön, ewig jung – und vor allem: schlank. Dieses Bild zumindest suggeriert uns die Werbung. Schon als kleine Mädchen werden wir darauf gedrillt, unsere typisch weiblichen Tugenden einzusetzen, wenn es darum geht, die Aufmerksamkeit oder Zuneigung der Männer zu erringen. Mädchen, die trotzig, zornig und böse sind, wird die Anerkennung verweigert.
Da Liebesentzug schwer zu ertragen ist, gewöhnen sich Mädchen daran, die Bedürfnisse anderer höher zu schätzen als ihre eigenen. Diese ständige Bereitschaft, die Erwartungen anderer zu erfüllen, führt zu einem Verlust an Selbstachtung und zu einer Entfremdung von den eigenen Gefühlen. Irgendwann wissen Mädchen oder Frauen nicht einmal mehr, wann sie hungrig oder satt sind.

Der Kampf um die Pfunde ist nicht selten ein Kampf gegen das eigene Ich und die Wut.

Essstörungen wie Anorexie oder Bulimie können eine Reaktion auf eben diese Erfahrungen sein. Bei einigen Frauen werden Ohnmachts- und Schuldgefühle zum Auslöser für lebensbedrohliche Hungerkuren. Andere Frauen stopfen ihre Wut zusammen mit Süßigkeiten in sich hinein. Hinterher schämen sie sich für diese Maßlosigkeit, und schon haben sie wieder einen Anlass, die Wut, die eigentlich den anderen galt, auf sich selbst zu richten, weil frau sich so nicht benehmen darf. Die Folge: Sie erbrechen sich. Valentis und Devane beschreiben das Erbrechen als »Schutzmaßnahme gegen das eigene Ich«. Manche Frauen würgen regelrecht ihre Wut heraus, um sie nicht an anderen auszulassen. Mögli-

cherweise, glaubt die US-Therapeutin Pam Killen, werden durch das Erbrechen Endorphine freigesetzt, die die Wut besänftigen und mörderische Gefühle abdämpfen.
Selbst Kinder bringen ihre Wut oft durch ein gestörtes Essverhalten zum Ausdruck. Wenn es ständige Kämpfe wegen des Essens gibt, kann dies ein Zeichen dafür sein, dass sie sich von ihren Eltern vernachlässigt fühlen.

Selbstverstümmelung

Frauen, die sich selbst mit Rasiermessern schneiden, die sich absichtlich verstümmeln – auch das hat mit Wut zu tun. Selbstverstümmlerinnen können, ebenso wie Frauen mit schweren Essstörungen, ihre Angst, ihre Wut und ihre Wünsche nicht sprachlich mitteilen. Manchmal ist das Schneiden und sich selbst Wehtun eine Möglichkeit, innere Wut auf sich selbst zu binden, um die Kontrolle über sich selbst nicht zu verlieren.
Nach Auffassung von feministischen Psychologinnen ist Selbstverstümmelung auch ein Ausdruck für die Wut, als Frau geboren und damit unterdrückt und minderwertig zu sein. Ein Tick von Selbstverstümmlerinnen kann es sein, sich die Wimpern oder die Haare an den Augenbrauen und am Kopf auszurupfen.

Verdrängte Wut – schlecht fürs Ich!

Wenn die Wut nicht mehr als eine normale Reaktion auf eine unerträgliche Situation wahrgenommen wird, sondern sich in Form von Depressionen, Essstörungen oder anderen Krankheiten äußert, kann das eine Frau von der eigentlichen Ursache ihres Problems ablenken. Vordergründige Symptome wie Schmerzen, Trauer oder das Gefühl der Hilflosigkeit liefern ihr einen Vorwand für Passivität und schützen sie vor womöglich schwer zu ertragenden Einsichten: beispielsweise, dass sie den Mann, mit dem sie zusammen lebt, gar nicht mehr liebt oder dass sie zu Hause und im Job gedemütigt oder entmündigt wird.

Wenn unterdrückte Wut sich in Form von Krankheit äußert, aber nicht als Ursache der physischen und psychischen Beschwerden begriffen wird, entsteht eine falsche Einschätzung von Realität, die die Lösung des Wut-Problems verhindert.

Wenn Frauen sich der Einsicht stellen würden, woher ihre Probleme rühren, dann müsste dies konsequenterweise ja eines bewirken, nämlich: Veränderung. Und diesen schmerzhaften Prozess möchten viele Frauen verhindern. Dann lieber stillhalten und weitermachen wie bisher, auch wenn´s weh tut, auch wenn frau krank davon wird.
Diese Haltung hat jedoch oft fatale Folgen: Wenn Frauen ihre Wut nicht wahrhaben wollen und damit auch nicht zu den Wurzeln ihrer Wut vordringen, entfernen sie sich von ihren eigenen Wurzeln. Indem sie sich eine verworrene Scheinwelt zurechtbasteln, die jederzeit wie ein Kartenhaus zusammenbrechen kann und in der sie völlig machtlos sind, verlieren sie das Gefühl für ihre innere Wahrheit, für ihr Ich.
Zu solchen Wahrnehmungsverzerrungen kommt es übrigens nicht nur bei wütenden Frauen, die sich durch eine Krankheit von ihrer Wut ablenken lassen, sondern – in abgemilderter Form – auch bei fast jeder von uns. Die wenigsten von uns haben einen direkten Zugang zum eigentlichen Ursprung ihrer Wut. Und nur die wenigsten von uns reagieren sofort angemessen auf die Signale, die uns die Wut sendet, wenn eine solche Reaktion einschneidende Veränderungen von uns verlangt. Bevor wir uns einer solchen Einsicht beugen, bevor wir uns an die mühselige Arbeit machen, unsere Lebensbedingungen umzugestalten, muten wir uns und unserer Umgebung meist noch mehrere unproduktive Wutausbrüche zu. Der konstruktive Umgang mit der Wut will gelernt sein, und die Erkenntnis, dass wir unsere eingefahrenen Verhaltensmuster aufgeben müssen, setzt einen Lernprozess und ein hohes Maß an Selbstreflexion voraus.

Zusammenfassung:

- Viele Menschen verdrängen ihre Wut – mit oft schwerwiegenden Konsequenzen für sich und ihre Gesundheit. Depressionen, Essstörungen, aber auch körperliche Beschwerden wie Rückenschmerzen, Probleme mit der Atmung oder Herz-Kreislauf-Erkrankungen können die Folge von unterdrückter Wut sein.

- Wut hat eine wichtige Funktion: Sie signalisiert uns, dass wir im tiefsten Inneren verletzt wurden, dass unsere Grenzen überschritten worden sind. Seine Wut nicht ernst zu nehmen heißt, sich selbst zu vernachlässigen.

- Wenn wir zu den Wurzeln unserer Wut vordringen, kann das zu der Einsicht führen, dass wir etwas in unserem Leben radikal ändern müssen – und Veränderungen können schmerzhaft sein.

5. Kapitel

Warum verändert sich bloß nichts?

»Mir reicht's«, schreit Annette. Sie hatte sich so auf einen gemütlichen Abend zu zweit gefreut, aber jetzt schleudert sie ihrem Mann das kalt gewordene Essen vor die Füße und den Ehering hinterher. Dem Hund, der schwanzwedelnd auf sie zuläuft, versetzt sie einen unsanften Tritt, schnappt sich ihre Handtasche und brüllt im Weglaufen noch: »Du bist einfach ein Schwein«. Sie knallt die Tür zu. Und fort ist sie. Sie setzt sich ins Auto, fährt ziellos durch die Gegend, heult sich bei einer Freundin aus. Und spät in der Nacht ist sie wieder zu Hause. Bedrückt schleicht sie in die Wohnung, murmelt beschämt eine Entschuldigung. Und nimmt sich vor: So will ich mich nicht mehr benehmen.

Ein Beispiel aus dem Alltag mit Kindern:

Brigitte ist mit ihrem Zweijährigen im Supermarkt. Der fängt an zu nörgeln, greift nach Süßigkeiten, legt eine wahre Brüllorgie hin. Zunächst zischt Brigitte ihren Sprössling nur an: »Wenn du nicht sofort still bist, kannst du was erleben.« Als sie schließlich völlig entnervt mit ihren Einkäufen im Auto sitzt, brennt ihr die Sicherung durch. »Du spinnst ja wohl«, brüllt sie den Kleinen an und schüttelt ihn heftig. Und zu Hause dann überfällt Brigitte das schlechte Gewissen: Eigentlich hatte sie sich ja vorgenommen, ihre Wut niemals an ihrem Kind auszulassen.

Nach einem Wutanfall nehmen sich viele Menschen vor: So möchte ich mich nicht mehr benehmen.

Ein ganz anderes Beispiel, diesmal von nach innen gerichtetem Zorn:

Meistens fühlt sich Hannelore ganz wohl in ihrer Haut – sagt sie. Aber in regelmäßigen Abständen überfällt sie der Frust: »Eigentlich bin ich doch bloß die Putzfrau für die Familie«, schimpft sie dann. »Jeder kommt in diesem Haus zu seinem Recht, nur ich nicht.« Manchmal weint sie vor Zorn, wenn ihr Mann wieder einmal kein Ohr für ihre Sorgen hat oder ihre pubertierenden Kinder sie annörgeln; wenn niemand im Haushalt hilft und keiner ihre Bedürfnisse respektiert oder – noch schlimmer – wenn sich die Familie über sie lustig macht. »Was hast du denn schon den ganzen Tag zu tun?« fragt sie ihr Mann dann spöttisch. »Ich komme eigentlich immer zu kurz«, glaubt Hannelore. »Manchmal habe ich das Gefühl, keiner beachtet mich oder das, was ich tue.«

Solche Szenen kommen Ihnen bekannt vor? Brüllen auch Sie einfach drauf los, wenn Ihnen der Geduldsfaden reißt? Lassen auch Sie sich hin und wieder auf sinnlose aber lautstarke Wortgefechte ein? Oder aber wissen Sie aus eigener Erfahrung, wie es sich anfühlt, wenn man sich ganz auf sich zurückzieht und dabei das klägliche Gefühl hat, ein Nichts zu sein? Dann sind Sie nicht allein, denn viele Menschen reagieren so, wenn sie wütend sind.

Schreien, toben, traurig sein – egal ob sich Ihre Wut in aufbrausender oder versteckter Form äußert: An den eigentlichen Problemen ändert sie nichts.

Impulsives Handeln mag gut sein, um Dampf abzulassen, unter dem Strich richtet es aber häufig entweder gar nichts aus – wie im Falle von Annette. Oder aber es richtet Schaden bei Menschen an, die auf unsere Hilfe angewiesen sind – wie im Fall von Brigitte.

Wenn Sie Ihre Wut häufig impulsiv und spontan an anderen auslassen, haben Sie sich vielleicht darauf versteift, dass sich Ihr Partner/Ihr Kind oder eben die Umstände ändern müssen – allein, die wollen nicht. Was Sie dabei nicht bedenken, ist die schlichte Tatsache, dass nicht die anderen, sondern allein Sie Ihre Wut in den Griff bekommen müssen.

Ein Wutanfall nämlich bewirkt oft sogar genau das Gegenteil von dem, was Sie erreichen wollten. Anstatt dass sich die Situation zu Ihrem Vorteil verändert, eskaliert sie, und alles wird nur noch viel schlimmer. Bestehende Beziehungsmuster werden erst recht festgeschrieben, ja sogar regelrecht zementiert: Oder können Sie sich vorstellen, dass Sie bereitwillig den Mülleimer hinuntertragen, wenn Sie von Ihrem Partner gerade zur Schnecke gemacht wurden? Wenn Sie toben, weil Sie sich in Ihrer Ehre verletzt und lächerlich gemacht fühlen, liefern Sie Ihrem Gegner mit Ihrem Verhalten geradezu einen Beweis dafür, dass man Sie nicht ernst nehmen kann.

Aber auch wenn Sie »nett« sind und sich wie Hannelore mit Ihrer Wut ins stille Kämmerlein zurückziehen, erreichen Sie nichts. Je mehr wir nachgeben und uns anpassen – um andere zu schützen oder um die Harmonie zu bewahren –, umso mehr staut sich die Wut. Und umso größer wird die innere Angst vor einem Vulkanausbruch.

Es nützt nur wenig, sich vorzunehmen: »Das nächste Mal reiße ich mich zusammen.« Oder: »Ich will jetzt meinen Zorn endlich angemessen äußern.« Das alles haben Sie ja sicherlich schon häufiger versucht – und es hat nichts gebracht. Und zwar deshalb nicht, weil Sie mit Ihrem Zornausbruch nichts erreicht haben, Ihre Wut noch immer wie ein lästiges Bündel mit sich herumschleppen. Solange sie es nicht losgeworden sind, werden Sie immer wieder so reagieren.

Denn wer wütend wird, der will damit – ob bewusst oder unbewusst – etwas bezwecken. Die Bamberger Wut-Forscherin Hannelore Weber fasst in ihrem Buch »Ärger, Psychologie einer alltäglichen Emotion« die elf wichtigsten Motive für Wut zusammen.

Menschen werden wütend, um

1. ihre Autorität zu bestätigen,
2. sich für eine Sache zu rächen,
3. einen Menschen (X) nach ihren Wünschen zu ändern,
4. X zu seinem Besten zu ändern,

5. die Beziehung zu X zu stärken,
6. alte Rechnungen zu begleichen,
7. Dampf abzulassen über anderes,
8. Abneigung gegen X zu zeigen,
9. X dazu zu bringen, etwas für einen zu tun,
10. die Beziehung zu X abzubrechen,
11. für X nichts mehr tun zu müssen.

Diese Auflistung veranschaulicht, dass wir tief sitzendem Zorn weder mit guten Vorsätzen noch mit den Hausmittelchen beikommen können, die sich für den Alltagszorn durchaus bewährt haben. Wenn Sie Ihr Partner oder Ihre Familie in Rage versetzt, nützt es nichts, wenn Sie bis zehn zählen oder eine kalte Dusche nehmen.

Wenn die Wut bei mir oder meinen Geschwistern im Anrollen war, dämpfte sie meine Mutter mit folgendem Trick: »Stellt euch vor, jetzt schaut euch jemand zu, den ihr kennt.« Das hielt uns zwar kurz zurück – wäre ja schließlich zu peinlich, wenn jeder wüsste, wie wir uns benehmen, wenn wir aus der Fassung geraten. Aber an der Ursache unserer Wut änderte diese Maßnahme auch nichts.

Drei Strategien, um sich der Wut zu nähern

■ 1. Hören Sie auf, sich für Ihre Gefühle zu schämen.

Die Worte, die besser ungesagt geblieben wären, sind herausgerutscht. Sie haben es wieder getan: wieder gebrüllt, geflucht, getobt. Und haben sich unmöglich benommen. Oder aber Sie haben sich wieder alles gefallen lassen, nichts gesagt, sich von der Familie als Fußabstreifer benutzen lassen.

Jetzt fühlen Sie sich schlecht, wie eine reuige Sünderin. Das bringt nichts. Vielmehr sollten Sie beginnen, darüber nachzudenken, woher Ihre Wut kommt oder warum Sie ihr keinen Ausdruck geben möchten.

Viele zornige Frauen bewundern sanfte Wohltäterinnen. Menschen, die vermeintlich nie die Beherrschung verlieren, kommen ihnen viel edler, zivilisierter, bewundernswerter vor als sie selbst. Im Prinzip ist das Unfug. Jeder Mensch ist ein individuelles Wesen, mit seinen ganz eigenen Möglichkeiten, Gefühle – auch Zorn – zu empfinden.

Sie haben ein Recht auf Ihre Wut. Sie müssen nur lernen, einen angemessenen Ausdruck für sie zu finden.

Eine lebhafte Frau wird nie denselben Ausdruck finden können wie eine Sanftmütige, da nützen alle Träume nichts. Genauso wenig wie eine ruhige, besonnene Frau vermutlich nicht zur brüllenden Löwin wird. Kein Mensch kann sich um 180 Grad drehen. Wut ist Temperamentssache, eine Frage der Erziehung und der inneren Anlagen.
Versuchen Sie, dies als einen Teil Ihrer Persönlichkeit zu verstehen und schämen Sie sich nicht Ihrer negativen Gefühle. Sie haben ein Recht auf Ihre Wut. Und es gibt, wie wir später sehen werden, Möglichkeiten, angemessene Ausdrucksformen für Ihren Zorn zu finden.

2. Setzen Sie sich mit Ihren Gefühlen auseinander

Welche Situationen machen Sie wütend? Wenn Sie sich Zeit nehmen, darüber genauer nachzudenken, werden Sie vermutlich feststellen, dass sich die vordergründigen Ursachen für Ihre Wut gleichen. Es ist wichtig, zu verstehen, wie Ihre Wut funktioniert. Wenn Sie herausgefunden haben, welche Mechanismen Ihre Wut auslösen, sind Sie schon einen wirklich wichtigen Schritt weitergekommen.

Versuchen Sie sich zu beobachten, wenn Sie wieder einmal ausgeflippt sind. Analysieren Sie in einer ruhigen Stunde folgende Aspekte:

- Was wollte ich durch meinen Wutanfall/meine Beschuldigungen/meine Tränen vermitteln – und was ist dabei rübergekommen?

- Was wollte ich in Wahrheit erreichen? Welches größere Ziel könnte hinter einem kleinen Schaukampf stecken?
- Wie wirkten meine Gefühle wohl auf meinen Gegner? Wie lässt sich sein Verhalten dadurch erklären?
- Falls Sie es nicht wagten, Ihren Zorn in einer Situation, die Sie kränkte, herauszulassen, könnten Sie über folgende Frage nachdenken: Warum hatten Sie in dieser Situation Angst vor Ihrer Wut? Was wäre passiert, hätten Sie klar und deutlich gesagt, was Sie stört?

Besonders für unsere engsten Beziehungen ist es wichtig, Zeit zur Klärung der eigenen Gedanken und Gefühle aufzubringen. Die US-Psychologin Harriet Lerner warnt: »Es ist schon verblüffend, wie oft wir in voller Rüstung zum Kampf antreten, ohne zu wissen, was eigentlich ausgefochten werden soll.«

Wir können lernen, uns in die wahren Ursachen unseres Zorns einzufühlen. Aber dazu müssen wir erst wissen, wo wir selbst stehen. »Ein bewusster Umgang mit Aggressionen ist eng mit einer klar umrissenen Ich-Vorstellung und einer besseren Selbsteinschätzung verbunden«, schreibt Lerner.

3. Spüren Sie verborgene Wurzeln Ihrer Wut auf!

Sie können lernen, unproduktive Verhaltensmuster zu erkennen – und sogar zu unterbrechen. Doch dafür müssen Sie viel über sich und Ihre Wut lernen und wissen. Was Sie dazu brauchen, ist Zeit und Ruhe. Mitten im Streit werden Sie wohl kaum dazu kommen, Selbstbetrachtungen über sich und Ihre Alternativen anzustellen.

Jeder von uns lebt in einer Gruppe, ist abhängig von Beziehungsgefügen. Unsere Umwelt übt einen gewissen Druck auf uns aus. Sie zwingt uns teilweise dazu, uns so zu verhalten, wie wir es tun – auch wenn es uns nicht passt. Um das zu verändern, müssen Sie lernen, diese Zusammenhänge zu verstehen. In welchem Zusammenhang steht Ihre Wut mit früheren Erfahrungen? Wie sind Ihre Eltern mit Ihnen umgegangen? Welche Wutmuster kennt Ihr Partner?

Jeder Mensch ist geprägt von seiner Umwelt. Das gilt auch für den Umgang mit Wut.

Aus der eigenen Biografie lässt sich viel über Wut und den unproduktiven Umgang mit ihr lernen. Je mehr Sie über sich, Ihre Vergangenheit, Ihre heutigen Beziehungen wissen, umso eher können Sie herausfinden, welche Rolle Sie selbst in Handlungsabläufen spielen.
Das bedeutet: Sie können die Verantwortung für Ihr Handeln übernehmen. Sie können beginnen, festgefahrene Beziehungsmuster aufzubrechen und zu beleben, indem Sie die alten, starren Verhaltensweisen Stück für Stück verändern oder aufgeben. Werden Sie zur Detektivin Ihrer eigenen Wut. Die folgenden Kapitel bringen Sie auf die richtige Spur.

Drei Strategien, mit denen Sie sich Ihrer Wut nähern können:

1. Hören Sie auf, sich für Ihre Gefühle zu schämen.
2. Setzen Sie sich mit Ihren Gefühlen auseinander. Warum wurden Sie wütend? Was wollten Sie damit bezwecken? Steckte hinter dem aktuellen Zorn vielleicht ein verborgenes Motiv?
3. Spüren Sie die eigene Wut auf!

6. Kapitel

Wie Wut wächst – und wer sie zu spüren bekommt

Die Wurzeln der Wut liegen oft im Verborgenen und an der Oberfläche treibt sie sehr unterschiedliche Blüten. Jeder Mensch entwickelt im Laufe seines Lebens seinen eigenen ganz persönlichen Umgang mit diesem Gefühl, denn jeder Mensch hat seine eigenen Erfahrungen gemacht. Das heißt, seine Fähigkeit, Wut zu empfinden und auszudrücken, ist ganz entscheidend dadurch bestimmt, welche Verhaltensweisen er erlernt hat. Darüber hinaus: Kein Mensch reagiert immer gleich, wenn er wütend ist. Die Art und Weise, wie sich Wut äußert, hängt von der jeweiligen Situation ab. Die Wut auf den Chef oder auf den Partner ist eine andere als die auf Kinder, die eigenen Eltern oder Geschwister.
Es ist durchaus denkbar, dass Sie zum Beispiel die Wut auf Ihren Partner sehr gut im Griff haben und konstruktiv bewältigen können, dass Sie aber durch die Wut auf Ihren Chef völlig gelähmt werden. Im Folgenden wollen wir unterschiedliche Situationen anschauen, die Ihren »Wut-Wurzeln« möglicherweise einen perfekten Nährboden liefern.

Das Vermächtnis der Kindheit

»Was uns vor allem daran hindert, Zorn zu spüren und zu erleben, ist Angst. Angesichts dessen, was die meisten von uns in der Kindheit erlebt haben, sind unsere Ängste auch verständlich«, schreibt der US-Psychologe John Lee.
Leider hat er Recht – oder durften Sie als Kind ungestraft einen wirklichen Wutanfall bekommen? Wenn Sie als Kind jähzornig oder trotzig

reagierten, wurden Sie von Ihren Eltern vermutlich lächerlich gemacht, ignoriert, eingeschüchtert, weggeschickt oder gar bestraft. In den seltensten Fällen wohl wurde Ihre Wut als ein ernst zu nehmendes Gefühl respektiert, über das es sich zu sprechen lohnt. So haben Sie gelernt, dass Ihre Wut unerwünscht, wenn nicht gar verboten ist. Sie wollten Aufmerksamkeit, Zuwendung – beides hatten Sie vielleicht bitter nötig – und bekamen das Gegenteil. Eine solche Erfahrung erzeugt Angst – Angst davor, verlassen zu werden.

Andererseits bekommen viele Kinder den Zorn von Erwachsenen zu spüren – und stehen ihm ziemlich hilflos gegenüber. Denn gegen erwachsene Wut haben Kinder keine Handhabe. Sie sind ihr hilflos ausgeliefert. Die Kleinen werden angebrüllt, geschlagen, mit Psychoterror überzogen. Das Muster, nach dem dies geschieht, erscheint den Kindern vermutlich häufig recht willkürlich. Und dagegen unternehmen können sie auch nichts.

Die Art, wie wir selbst mit Zorn umgehen, hat ihren Ursprung vermutlich auch in der Kindheit. Wenn Sie Ihren eigenen Zorn verstehen wollen, sollten Sie darüber nachdenken, was Sie als Kind gekränkt hat, was Sie zornig gemacht hat und wie Ihre Umwelt darauf reagierte. Zum Vermächtnis der Kindheit gehört aber auch, ob Ihre Eltern aggressiv mit Ihnen umgegangen sind, als Sie klein waren. Denn auch dieses Verhalten ist mit verantwortlich dafür, wenn Sie heute Ihren Zorn auf unangemessene Weise äußern.

Der Teufelskreis der Wut

US-Psychologe Lee warnt davor, diese frühkindlichen Erfahrungen gering zu achten, denn diese Verletzungen gehen sehr tief. Kleine Kinder sind darauf angewiesen, von ihren Eltern akzeptiert und angenommen zu werden. »Wir tun buchstäblich alles, lassen uns jede Herzlosigkeit gefallen, so schlimm sie für uns auch sein mag, um nicht von ihnen verlassen zu werden. Und jeder ihrer Strafakte – Schläge, Kritik, emotionale und körperliche Abwesenheit – ist eine Form des Verlassenwerdens.«

Wenn Sie sich vor Ihrer eigenen Wut fürchten, wenn Sie Angst davor haben, zu Ihren Gefühlen – positiv wie negativ – zu stehen, dann kann das seinen Ursprung darin haben, dass Sie auch als Kind nicht Sie selbst sein durften. Diese Einsicht könnte vielleicht schon ein erster Schritt sein, die eigenen Gefühle und/oder Blockierungen zu verstehen.

Solange wir Angst haben, verlassen zu werden, haben wir auch Angst vor uns selbst und unseren Gefühlen.

An diesem Punkt an sich zu arbeiten lohnt sich aber noch aus einem anderen Grund: Denn nicht nur wir haben unseren Umgang mit Wut von unseren Eltern gelernt, wenn wir selbst Eltern sind, geben wir vermutlich genau dasselbe Muster an unsere Kinder, unsere Partner oder an andere Menschen, die uns nahe stehen, weiter – wie in einem Teufelskreislauf.

Die tiefste Angst des Kindes ist die Angst, verlassen zu werden. Die Furcht davor wird in Kindern dann wachgerufen, wenn sie von Erwachsenen oder von Menschen, von denen sie abhängig sind, abgelehnt werden.

Der psychologische Zusammenhang ist also eigentlich ziemlich klar: »So lange wir Angst vor dem Verlassenwerden haben, werden wir auch Angst vor uns selbst haben, Angst davor, uns durchzusetzen, auf unseren Rechten zu bestehen, unsere Grenzen zu verteidigen und wütend zu werden«, schreibt Lee. Da hilft nur eins: Sie müssen sich diesen Zusammenhang klar machen.

Wut-Spezialist Lee rät:

Finden Sie den Mut und gestehen Sie sich folgende Tatsachen ein:

1. Sie sind verlassen worden.
2. Ein erwachsener Mensch kann nicht verlassen werden – es sei denn, von sich selbst.

Als erwachsener Mensch sind Sie nicht mehr darauf angewiesen, dass Sie versorgt werden, Sie können sich um sich selbst kümmern. Sie können sich selbst der beste Freund/die beste Freundin sein, Sie können für sich selbst einstehen – und Sie können lernen, in Partnerschaften loszulassen, im Kinderzimmer nicht immer das letzte Wort haben zu müssen. Mit einem Wort: Sie können lernen, die Angst vor dem Verlassenwerden zu meistern.

Wut und Partnerschaft

Hans und Karin:

> *»Ich würde so gerne mal wegfahren, aber Hans lässt mich ja nicht«, beklagt sich Karin. Dabei hat sie sich einen Kurzurlaub von der Familie wahrhaft verdient, findet sie: Immer ist sie für ihn und die beiden Kinder da, kocht, macht den Haushalt und bügelt sogar die Hemden von Hans.*
> *Jedes Mal, wenn sie das Gespräch darauf bringt, dass sie gerne ein verlängertes Wochenende mit ihrer Freundin verbringen würde, rebelliert Hans. »Ich muss mich am Wochenende auch erholen«, schnauft er, »schließlich ist auch mein Job ganz schön stressig. Und dann soll ich auch noch einen meiner kostbaren Urlaubstage nehmen, um ihn dann ohne dich zu verbringen? – Das kommt überhaupt nicht in Frage!« Und Karin keift zurück: »Ich sitze den ganzen Tag zu Hause und erlebe nichts.«*

Zwei Standpunkte, beide zu verstehen. Karin möchte mal raus aus ihrem Alltagstrott, sie hat die Nase davon voll, dass ihr Mann über ihre Freizeitgestaltung verfügt. Und Hans ist wütend, weil er erschöpft ist – und vermutlich auch, weil er als weitgehend abwesender Vater kein klares

Die Wahrscheinlichkeit, durch Wutanfälle ein Problem in einer Partnerschaft zu beseitigen, ist sehr gering.

Konzept davon hat, wie er ein Wochenende mit den Kindern ganz alleine verbringen soll. Er ist verunsichert, dass Karin alleine wegfahren möchte, und fürchtet, sie könnte sich ihm entfremden. Deswegen reagiert er heftig mit einem kategorischen »Nein«.

Die Wahrscheinlichkeit, dass Karin ihren Mann von der Notwendigkeit ihres Kurz-Trips überzeugt – und zwar in gutem Einvernehmen –, ist ziemlich gering. Die Aussicht, ihn durch einen Wutanfall auf ihre Seite zu bekommen, noch geringer. Im Gegenteil: Durch ihre wütende Reaktion haben beide ganz schnell den Punkt überschritten, an dem eine sachliche Auseinandersetzung noch möglich gewesen wäre.

Mary Valentis und Anne Devane beobachteten, dass Wutszenarien Paaren eine Möglichkeit bieten, »miteinander zu kommunizieren, indem sie nicht miteinander kommunizieren«. In einem solchen Schlagabtausch geht es dann am Ende nicht mehr um Bedürfnisse, sondern nur noch um einen versteckten Machtkampf.

Karin hat kaum eine Chance, aus einer solchen Schlacht siegreich hervorzugehen, denn sie hat Hans im Laufe ihrer Ehe daran gewöhnt, dass ihr Widerstand nicht ausreicht und dass sie sich am Ende fügen wird, wenn er konsequent unnachgiebig bleibt.

Stellen wir uns für einen Augenblick vor, was passiert wäre, wenn Karin sich knallhart durchgesetzt hätte, indem sie ihrem Mann Haushalt und Kinder einfach überlassen hätte und wortlos abgezischt wäre.

Ganz davon abgesehen, dass sie vermutlich keine Sekunde des Wochenendes hätte genießen können, wäre es nach ihrer Rückkehr wohl zu einem fürchterlichen Streit gekommen. Wahrscheinlich hätte sich Hans geeignete Sanktionen ausgedacht – hätte nicht mehr mit ihr gesprochen oder wochenlang geschmollt, oder er wäre nächtelang in Kneipen rumgezogen. In jedem Fall hätte Karin es wohl bitterlich bereut, dass sie es je gewagt hatte, ihrem Mann zu trotzen, und sich fest vorgenommen, das nächste Mal lieber wieder stumm zu leiden. Allein – an ihrem Zorn hätte das alles nichts geändert. Im Gegenteil, sie hätte die Position ihres Mannes gestärkt und wäre selbst, trotz ihres kühnen Fluchtversuches, ein weiteres Mal die Unterlegene gewesen.

Sinnvoller als Wutanfälle ist ein klares und konsequentes Auftreten – aber es erfordert Mut und bringt die Partnerschaft oft ganz schön durcheinander.

Auch wenn Karin klar und konsequent aufgetreten wäre und ganz deutlich gesagt hätte: »Ich fühle mich derzeit sehr müde und brauche dringend etwas Abstand von der Familie, deshalb möchte ich am nächsten Wochenende mit meiner Freundin verreisen«, hätte sie sich dicken Ärger eingehandelt. Auch in diesem Fall hätte sie ihren ganzen Mut zusammennehmen müssen, um die Auseinandersetzung mit ihrem Mann durchzustehen. Auch in diesem Fall hätte sie gegen ihre Ängste und Schuldgefühle ankämpfen müssen, aber sie wäre ein gutes Stück vorangekommen, weil sie das für ihre Ehe typische Verhaltensmuster durchbrochen hätte. Nicht wie sonst hätte Karin sofort schmollend und wütend darauf reagiert, dass Hans nicht von sich aus rücksichtsvoll und einfühlsam auf ihre Bedürfnisse einging, sondern zunächst seine eigenen Interessen vertrat. Dadurch, dass sie Hans mit klaren Ansprüchen und nicht mit ihrer bloßen Wut konfrontiert hätte, wäre es jedoch auch für ihn sehr viel schwieriger geworden, einfach nur aufbrausend zu reagieren. Vielleicht wäre so aus einem unerquicklichen Machtkampf ein konstruktiver Streit um Bedürfnisse entstanden.

Exkurs: Streitverhalten

Karin und Hans sind ein Paradebeispiel für ein Streitmuster, das der Psychologe George R. Bach in seinem Standardwerk »Streiten verbindet« am Beispiel von Falke und Taube erläutert. Es ist lohnend, sich mit seiner Theorie auseinander zu setzen, weil wir aus unserem Streitverhalten viel über unsere Wut lernen können.

Sind Sie eine Taube oder ein Falke?

Jeder Mensch hat ein eigenes Wut-Muster. Manche verhalten sich offensiv, andere reagieren bei einem Streit mit innerem Rückzug. US-Psychiater Bach hat die streitende Menschheit in zwei Gruppen eingeteilt: in Falken und Tauben.

Die Falken: Das sind Menschen, die ihre Wut laut äußern und ihren Partner angreifen. Falken beginnen ungehemmt Streit, sind machtbewusst und haben eine mehr oder weniger klare Vorstellung davon, wohin sie andere lenken wollen. Laut Bach machen die Falken aber nur etwa 20 Prozent der Menschen im täglichen Nahkampf aus.

Die Tauben: 80 Prozent der Menschheit sind so genannte Nicht-Streiter oder aktive Streit-Verhinderer. Psychologe Bach nennt sie Tauben. Der Taube ist lauter Krach zuwider, sie empfindet ihn als unzivilisiert und tut deshalb alles, um einer Auseinandersetzung aus dem Weg zu gehen. Sie lebt nach dem Motto: Lieber schweigen als Federn lassen. Dabei begeht die Taube einen folgenschweren Fehler: Sie erwartet, dass der Partner ahnt, wie sie in Wirklichkeit empfindet, auch wenn sie es nicht sagt.
Tauben verhalten sich wie Karin, die es nach zehn Jahren Ehe als selbstverständlich voraussetzte, dass Hans ihre Bedürfnisse kennen müsse, obwohl sie nie nachdrücklich für sie einstand. Wie Karin neigen die meisten Tauben dazu, die Enttäuschung über das mangelnde Einfühlungsvermögen ihres Partners ewig mit sich herumzutragen, anstatt ihrer Wut darüber Ausdruck zu verleihen.

Auch zwei Menschen, die sich nahe stehen, müssen einander ihre Bedürfnisse mitteilen. Keiner kann ständig erahnen, was mit dem anderen los ist. Wenn Sie das erwarten, werden sie zwangsläufig enttäuscht. Und aus der Enttäuschung erwächst Wut.

Tauben-Verhalten gibt es übrigens auch im Bett: Beim Sex heucheln beispielsweise viele Frauen einen Orgasmus (und viele Männer Spaß). Das führt aber letztlich dazu, dass sich Paare immer weiter voneinander distanzieren.
Je nachdem, wie die Partner innerlich gestrickt sind, beziehungsweise welcher Spezies sie angehören, können sich sehr unangenehme Wutsituationen ergeben: Über der reinen Tauben-Beziehung beispielsweise schwebt die ständige Gefahr einer echten Explosion. Weil die Partner ihre Wut immer wieder herunterschlucken oder sie nur zaghaft äußern, muss es irgendwann fast unweigerlich zum Eklat kommen (wenn nicht einer oder beide an ihrer Wut ersticken wollen).
Diese Gefahr droht auch der Taube in der Taube-Falke-Konstellation. Mit dem einen Unterschied: Während in der Taube-Taube-Beziehung beide Seiten der eigenen »Zurückhaltung« zum Opfer fallen, wirkt der Falke in der Taube-Falke-Beziehung selbstherrlich und machtvoll.

Solange die Taube schweigt, wird der Falke unbeirrt seinen Weg gehen und sich um die Bedürfnisse seines Partners nur wenig scheren. Aber Tauben schweigen nicht nur aus Angst vor Streit, ihr innerer Rückzug ist oft auch eine heimliche und einseitige Kündigung der Kooperation oder sogar versteckte Feindseligkeit, die sie durch scheinbare Unterwürfigkeit tarnen.

Und eine Falke-Falke-Beziehung? Das ist Machtkampf pur, bei dem die Fetzen fliegen. Solange beide Partner auf Teufel komm raus ihre Ziele rücksichtslos durchsetzen wollen, kann die Beziehung kaum Bestand haben.

US-Psychologe Bach vermutet, dass viele Beziehungen stagnieren, weil sich die Partner gegenseitig ihre Wut vorenthalten. Dies geschieht vor allem deshalb, weil Wut in unserer Gesellschaft als ein Zeichen von mangelnder Beherrschung gewertet wird. In einem Zeitalter, in dem Entscheidungen auf der Grundlage vernünftiger Einsichten und gegenseitiger Verständigung getroffen werden sollen, erscheint es unpassend und unreif, sich zu streiten – zumal mit dem eigenen Partner.

Streitverhalten und der Umgang mit Wut sind kulturell geprägt. Besonders Frauen sollten nie vergessen: Weibliche Unterlegenheit im Streit ist in gewisser Form auch ein Kulturmuster. Machen Sie sich keine Vorwürfe und seien Sie nicht ungeduldig mit sich selbst, wenn Sie reagieren wie Karin. Die Sanftmut, die Schwierigkeiten, das Wörtchen Nein über die Lippen zu bringen – das ist uns größtenteils anerzogen, es wird von uns erwartet. Und auch Frauen, die keine Probleme haben, ihren Zorn offen zu äußern und impulsiv zu reagieren, haben Schwierigkeiten damit, ihre wahren Bedürfnisse zu äußern. Es erfordert viel Mut, diese Muster abzuschütteln.

Weil die Gesellschaft das Streiten mit einem Tabu belegt, geben nur die wenigsten Menschen zu, dass es bei ihnen zu Hause manchmal ganz schön kracht. Das Resultat dieser Geheimniskrämerei: Die meisten von uns quälen sich mit der Vorstellung ab, sie seien die einzigen, die sich und ihre Gefühle nicht im Griff haben oder die sich mit dem Partner in den Haaren liegen. Also reden auch sie nicht darüber und kehren Probleme lieber unter den Teppich.

US-Psychologe Bach hat in seiner Praxis eine interessante Erfahrung gemacht. Er forderte seine Patienten, die alle wegen Partnerschaftsproblemen zu ihm gekommen waren, auf, häuslichen Streit auf Kassette aufzunehmen. Dann könne man dies während der Therapie abhören und konkret analysieren.
Nur: Die meisten Paare verweigerten in diesem Punkt strikt die Zusammenarbeit. Entweder nahmen sie nur Auseinandersetzungen auf, von denen sie meinten, sie wirkten positiv und konstruktiv. Oder aber sie brachten es gleich gar nicht fertig, auf den »Record«-Knopf zu drücken. Es war ihnen schlicht zu peinlich, ihren Ärger aufzuzeichnen und hinterher abzuhören. Wut ist eben ein Tabu.
Das ist umso absurder, als es vermutlich keine Familie, keine Arbeitsplatzsituation, keine Partnerschaft gibt, in der nicht irgendwann Wut geäußert werden muss – schon alleine deshalb, weil Menschen unterschiedliche Vorstellungen von Abläufen haben.
Überall gibt es widerstreitende Interessen – auch in Partnerschaften. Aber der Mythos von der ewigwährenden romantischen Liebe gebietet uns, die Harmonie zu bewahren, zu erfühlen und zu erahnen, was der Liebste will – oder wenigstens so zu tun als ob. Schließlich muss man den Geliebten hinnehmen, wie er ist. Hat man erst einmal die Mängel des anderen akzeptiert, folgt das große, romantische Glück. Genau wie im Film und im Schundroman.

Die Vorstellung, dass ein spannungsfreies Klima im Haus echte Harmonie hervorruft, ist ein absurder Mythos.

Harmonie zu zweit, ein Leben lang? – Das ist schon ein Widerspruch in sich, denn jeder Mensch hat seine ganz persönliche Vorstellung von Harmonie und Lebensglück und wird darum kämpfen. Streit zwischen Menschen ist unvermeidlich, und auch die Gefühle, die damit verbunden sind, lassen sich nicht immer unterdrücken. Aber die Furcht davor, die Büchse der Pandora zu öffnen, dem anderen klar die Meinung zu sagen, Tränen oder gar eine Trennung zu riskieren, scheint oft unüberwindlich groß – dann schon lieber schweigsam dulden.
Der Preis, den man für diese Kleinmütigkeit zahlen muss, ist der Verlust der Nähe. Denn nur, wer sich selbst und dem Partner gegenüber ehrlich ist, nur wer auch Streit in Kauf nimmt, kommt sich wirklich näher. Wenn

zwei Menschen es lernen, ihren Zorn konstruktiv zu äußern, schaffen sie echte Intimität zwischen sich. Viele Menschen, denen es gelungen ist, ihrem Partner auch ihre unangenehmen Gefühle zuzumuten, fühlten sich ihm hinterher viel näher.

Bach behauptet sogar: »Täglich ein Streit – das hält den Arzt fern.« Und er stützt seine These auf faszinierende Experimente aus dem Tierreich. An der Universität Wisconsin wurden mehrere Generationen von Affen herangezogen und in ihrem Verhalten beobachtet. Die Forscher konnten zeigen, dass ein gewisser Austausch von Feindseligkeiten zwischen den Affenpartnern sogar überlebensnotwendig und arterhaltend ist. Der Austausch von Feindseligkeiten war notwendig, damit es auch zu Liebesbezeugungen kommen konnte. Ruhige, alles hinnehmende und nicht kämpferische Affenmütter brachten Nachkommen zur Welt – doch die konnten und wollten sich nicht paaren.

Wut auf die Kinder

Kennen Sie dieses Gefühl auch? Irgendwie scheinen es die anderen Mütter besser zu machen: Sie haben ihren Job im Griff, sehen stets gepflegt aus, die Kinder funktionieren bestens. Während die eigene Brut Fünfer mit nach Hause bringt, in sackartigen Hosen durchs Leben läuft und frech wird, wenn man etwas von ihr möchte.

Das Resultat: tägliche Schreiereien aus nichtigem Anlass, kräfteverschleißender Streit um dieselben Dinge, sinnloser Zorn. Das beginnt meist schon im Kleinkindalter, wenn Zweijährige im Supermarkt Wutanfälle bekommen. Und es endet frühestens nach der Pubertät, eigentlich erst dann, wenn die Kinder ausgezogen sind.

Wenn's um die Macken der Kleinen geht, ist natürlich immer die Mutter schuld.

Und wer ist schuld daran? Die Mütter natürlich. Schließlich sind sie es, die ihre Kinder er- und verziehen. Sie sind Ansprechpartnerinnen, wenn in der Schule etwas schief läuft. Und sie sind ewigen Vorwürfen ausgesetzt, wenn die Kinder nicht so funktionieren, wie sich das die Ehemänner, Oma, Opa und der Rest der Verwandtschaft vorstellen.

Mütter tragen die Hauptlast der Verantwortung für alle Familienprobleme, nicht nur für die Kinder. Kein Wunder, dass sich viele Frauen ständig fragen, was sie falsch machen, was mit ihnen oder mit ihren Kindern nicht stimmt. Wenn das Kind brav die Erwartungen der Umwelt erfüllt, sind sie »gute Mütter«. Tun sie es nicht, »schlechte« Mütter. Und die Väter? Meistens sind sie entweder nicht da oder sie gesellen sich stolz an die Seite der »guten Mütter«.

Es verwundert nicht, dass viele Mütter ein übersteigertes Bedürfnis entwickeln, das Verhalten ihrer Kinder zu steuern. Aber Kinder sind einfach nicht beliebig manipulierbar. Viele Frauen geraten deshalb regelrecht in eine Wut-Zwickmühle: Sie sind ständig voller Zorn, weil sie sich unfähig fühlen, ihr Kind zu kontrollieren.

Ein Paradoxon, das nach Harriet Lerner unseren gesamten Umgang mit Wut prägt: »Wir versuchen, Macht und Einfluss auf Situationen auszuüben, die sich unserem Einfluss entziehen, und unsere wirkliche Macht, die Macht über unser eigenes Verhalten, übersehen wir völlig.«

Mütter, die gestresst reagieren oder wütend werden, weil ihre Kinder nicht so sind, wie Verwandte, Nachbarn und Lehrer das gerne hätten, sollten versuchen, sich von dem Druck zu befreien. Sie selbst müssen mit ihren Kindern klar kommen, aber sie müssen sich nicht für die Schwierigkeiten verantwortlich fühlen, die andere mit ihren Kindern haben. Nicht selten erstreckt sich das mütterliche Überfunktionieren auch auf die Gefühlswelt der Kinder. Sobald sie Traurigkeit, Verletztheit, Eifersucht oder Wut zeigen, rennen wir auf sie zu, geben ihnen Ratschläge, beschimpfen oder beschwichtigen sie. Wir versuchen, ihre Probleme für sie zu lösen, und trennen unsere Kinder dabei von dem, was ihnen weh tut. Mit einem Wort: Wir nehmen die Gefühle unserer Kinder nicht ernst.

Wenn Kinder brüllen und toben und wir sie trösten, indem wir sagen »Ist doch alles halb so schlimm«, missachten wir ihren Zorn, denn für sie ist es schlimm. Wenn wir ihnen ihre eigenen Emotionen nicht zugestehen und versuchen, ihr Denken und Fühlen zu steuern, lassen wir uns auf einen unerquicklichen Machtkampf ein. Mütter oder Eltern, die die Tendenz haben, sich die Gefühle ihrer Kinder anzueignen, respektieren weder ihre eigenen Grenzen noch die ihrer Kinder.

Sie sind nicht schuld! Lassen Sie sich nicht unter Druck setzen von den Erwartungen der anderen. Ihre Kinder sind nun mal so, wie sie sind, und das hat nicht immer und unbedingt etwas mit Ihnen zu tun. Ihre Kinder spüren sofort, ob Sie sie mit Ihren eigenen Grenzen konfrontieren oder ob Sie als Vermittler einer Verhaltensnorm von außen auftreten, an die Sie selbst nicht glauben…

Um die Situation zu entspannen gäbe es ein einfaches, wenngleich schwer durchzusetzendes Mittel: Wenn sich auch die Väter an der Erziehungsarbeit beteiligen würden, wäre den Müttern schon die Hälfte der Last von den Schultern genommen.

Die Dreiecks-Konstellation Familie

Noch vielschichtiger als der Streit zwischen Partnern ist der familiäre Dreiecksstreit, in den Vater, Mutter und Kinder (oder andere Familienmitglieder) verwickelt sind. Der Hauptunterschied: Viele Erwachsene setzen Kinder als Verbündete oder als Waffe gegen den Partner ein. Einmal ganz davon abgesehen, dass Kinder ein solches Streitverhalten hoffnungslos überfordert, eignet sich diese Methode auch nicht, um Wut loszuwerden oder einen Konflikt kreativ zu lösen. Denn die Eltern benutzen die dritte Person nur dazu, um wichtigen Problemen, die zwischen ihnen bestehen, auszuweichen.

Ein Beispiel:

Petra hatte ihrem Sohn Dennis verboten fernzusehen. Als am Abend der Vater Uwe nach Hause kam, erzählt der kleine Dennis ihm tränenüberströmt, welch ungerechte Strafe ihn getroffen hat. Uwe, der findet, dass Petra in letzter Zeit oft überreagiert, gibt seinem Sohn einen liebevollen Klaps und erlaubt ihm, die gewünschte Fernsehsendung zu sehen, ohne zuvor Rücksprache mit Petra zu halten. Durch ein solches Vorgehen fällt Uwe Petra in den Rücken. Er untergräbt ihre Autorität und demütigt sie. Jetzt stellt sich die Frage: Wird Petra ihrem Mann unmissverständlich klar machen, dass sie nicht gewillt ist, eine solche Grenzverletzung hinzunehmen, oder wird sie bei nächster Gelegenheit wieder »überreagieren«?

Innerhalb von Familien ist die Versuchung groß, sich im Konfliktfall mit- und gegeneinander zu verbünden. Gleichzeitig ist es für jeden Menschen schwierig, für mehr als eine Partei Einfühlungsvermögen aufzubringen. Zwei Menschen können höchstens auf zwei Ebenen kämpfen, schreibt der amerikanische Psychiater George Bach. Kommt eine dritte, vierte oder fünfte Person hinzu, dann verändert das den Charakter einer Stresssituation/einer Auseinandersetzung ganz erheblich.

Es muss nicht unbedingt ein Kind sein, das den dritten Punkt des Dreiecks bildet, auch andere Verwandte, Eltern, Schwiegereltern eignen sich dazu. Beide Geschlechter, alle Altersstufen sind an den unterschiedlichsten Problemdreiecken beteiligt.

Wie bei anderen Wuterfahrungen auch kann diese abgelenkte Wut auf einen Dritten zeigen, dass es in uns starke Gefühle gibt, die mit einer anderen, vielleicht auch früheren Beziehung zusammenhängen.

Gerade Frauen haben starke Angst, in einer wichtigen Beziehung mit einer starken Person offene Konflikte aufkommen zu lassen. Daher neigen sie dazu, die Konfrontation zu meiden und die Wut auf die Beziehung mit einer schwächeren Person, beispielsweise einem Kind, zu verlagern.

Die US-Therapeutin Harriet Lerner beschreibt, wie man Dreieckskonstellationen erkennen kann.

1. Welche ungelösten und unausgesprochenen Probleme mit einem wichtigen Menschen, vielleicht auch einem aus einer früheren Generation, leben wir in unserer gegenwärtigen Beziehung aus?
2. Intensive Wut auf einen uns nahestehenden Menschen kann signalisieren, dass wir verdrängte Gefühle, die aus einer anderen wichtigen Beziehung stammen, mit uns herumtragen.
3. Was tragen wir selbst zu der Dreieckskonstellation bei, in der wir stecken?

Viele Menschen machen bei Streit in Familien einen fundamentalen Fehler: Sie sind in einer Stresssituation wütend auf die beteiligten Personen, ohne sich die Beziehungsstrukturen, die dahinter stecken, zu verdeutlichen.

Denken Sie zurück an Dennis. Petra hatte vielleicht einen guten Grund dafür, dass sie Dennis das Fernsehen verbot. Es wäre aber äußerst ungerecht von ihr, ihre Wut darüber, dass ihr Verbot von anderer Stelle aufgehoben wurde, nun an Dennis auszulassen.

Hinter scheinbar harmlosen Meinungsverschiedenheiten stecken nicht selten handfeste Konflikte. Gerade wenn sich Paare zum Beispiel über die Erziehung ihrer Kinder in die Haare kriegen (und der Nachwuchs im Gerangel auch noch tüchtig mitmischt), geht es in Wirklichkeit oft um ein Beziehungsproblem.

Wenn Sie feststellen, dass Sie sich mit Ihrem Partner immer wieder wegen oder um oder über Dritte streiten und dass der Streit nach eingefahrenen Mustern abläuft, dann sollten Sie sich folgende Fragen stellen:

1. Welche Rolle spiele ich in dieser Situation? Lernen Sie, sich zu beobachten und Muster zu erkennen, wie Sie sich, wenn Sie wütend werden, verhalten.
2. Inwieweit bin ich wirklich bereit, Veränderungen innerhalb dieser Konstellation in Kauf zu nehmen? Kann ich Verantwortung an meinen Partner abgeben und gleichzeitig seine Vorgehensweise akzeptieren?
3. Jedes Problem hat eine Geschichte: Versuchen Sie zu rekonstruieren, wie es zu diesem speziellen Streitfall kommen konnte, denken Sie dabei auch an die erweiterte Familie, also die Großeltern, Geschwister usw.

Exkurs: Wut meistern im Familienrat

Immer wenn Menschen in einer Gruppe oder Familie zusammenleben, treten Konflikte und Probleme auf – das ist normal. Ganz genauso normal ist es auch, dass die Konfliktparteien aufeinander wütend sind. Wir sind nun mal nicht alle gleich, jeder einzelne hat seine eigenen Interessen, Wünsche, Bedürfnisse und möchte sie auch durchsetzen. Doch Konflikte lassen sich bewältigen – durch Gespräche, guten Willen, Abmachungen, die die Familie trifft und an die sich alle halten müssen.
Der Familienrat ist in der Familientherapie schon länger ein favorisiertes Modell. Er ist eine gute Möglichkeit, Streit zu schlichten. Er bewirkt zwar keine Wunder, aber hilft dabei, Lösungen zu finden, mit denen sich alle Beteiligten einverstanden erklären können. Und er kann gerade auch bei lästigen Alltagsproblemen helfen. Wohin soll die Familie in Urlaub fahren? Wer ist dafür zuständig, dass nicht immer offene Zahnpastatuben herumliegen? Wie kann die Mutter im Haushalt entlastet werden? Wie können die Hausaufgaben stressfreier bewältigt werden?
Das Prinzip ist ziemlich einfach: Zu einer fest vereinbarten Zeit treffen sich alle Familienmitglieder und fällen gemeinsam Entscheidungen, an die sich dann auch alle zu halten haben. Die Treffen sollten relativ regelmäßig durchgeführt werden, damit auch Probleme regelmäßig besprochen werden können. Allerdings: Die Teilnahme ist kein Zwang. Wer nicht kommen will, braucht das auch nicht, riskiert aber, dass eine Entscheidung ohne ihn gefällt wird.
Weil jede Versammlung einen braucht, der Ordnung ins Chaos bringt, gibt es einen Vorsitzenden, der aber wechselt, so dass jedes Familienmitglied einmal Chef ist. Sinnvoll wäre es, wenn Entscheidungen einstimmig zustande kämen – damit sich auch jeder verpflichtet fühlt, sich daran zu halten. Außerdem legt der Familienrat genau fest, für wie lange eine Verabredung gilt und wann neu oder nachverhandelt wird.
Klingt logisch und einfach – aber vermutlich ist ein Haken dabei, werden Sie denken. Doch das System ist erprobt und funktioniert tatsächlich, wenn Sie, so schreiben die Bremer Kinderpsychiater Professor Franz Petermann und Professor Ulrike Petermann, einige Punkte beachten:

Richtlinien für den Familienrat:

- Grundsätzlich sind alle Familienmitglieder gleichwertig.
- Der Familienrat ist ein offenes Forum. Das heißt: Jedes Familienmitglied hat die Möglichkeit, Beschwerden loszuwerden, eigene Ideen einzubringen und seine Meinung zu sagen. Und: Jeder muss jedem zuhören!
- Jeder muss die Chance haben zu reden, ohne dass er unterbrochen wird. Der Vorsitzende könnte zum Beispiel eine Liste mit Wortmeldungen führen. Jedem, der redet, soll mit Geduld und Aufmerksamkeit zugehört werden.
- Der Ton macht die Musik, und sei die Wut auch noch so groß: Jeder muss daher seine Beschwerden so vorbringen, dass niemand sich nicht bedroht fühlt oder in eine Verteidigungsposition gedrängt wird.
- An der Lösung vorgebrachter Probleme beteiligen sich alle Familienmitglieder. Entscheidungen, die dann gefällt werden, dürfen nicht zwischen den Familiensitzungen geändert werden. Für die gemeinsame Entscheidung tragen alle Familienmitglieder entsprechend ihrer Fähigkeiten Verantwortung.
- Last not least: Damit nicht nur immer geschimpft, gejammert und genörgelt wird, sollten auch die positiven Seiten des Familienlebens gewürdigt werden. Loben Sie, wenn es erfreuliche Ereignisse gibt.

Wut im Job

Wie bereits gezeigt, haben die meisten Menschen das Bedürfnis, gelobt, geliebt und gebraucht zu werden. Das gilt nicht nur für unsere Partnerschaft, sondern auch für unseren Beruf, der für unser Selbstwertgefühl nicht minder wichtig ist.

Aus Angst, dass einem diese Anerkennung versagt wird, wenn man offensiv für seine Bedürfnisse einsteht, ordnen sich viele Menschen fremden Wertmaßstäben unter. Sie begeben sich lieber in die Abhängigkeit von anderen, als dass sie den Kampf auf sich nehmen, für die eigenen Ansprüche gerade zu stehen. So lassen sie es zu, dass Kollegen ihre Arbeit beurteilen – ja, sie autorisieren sie sogar durch ihr eigenes Verhalten dazu. In der Hoffnung, dass die anderen die eigene Arbeit schon angemessen beurteilen werden, verzichten sie darauf, selbst Macht auszuüben, und legen ihr Schicksal in die Hände anderer.

Eine eigene Position zu vertreten heißt: sich unabhängig von der Meinung anderer Menschen zu machen.

Gerade Frauen sagen im Beruf oft nicht klar, was sie möchten. Achten Sie auf sich selbst. Wie oft zeigen Sie sich in unterwürfiger Haltung gegenüber einem Mann? Warum ist das so?
Das hat sicherlich damit zu tun, dass viele Frauen im Büro von ihren Kollegen unterdrückt und gehänselt werden. Überall wird versucht, Frauen am Fortkommen zu hindern – zum Teil mit den primitivsten Mitteln. »Ich wurde ständig gefragt, wer denn jetzt auf meine Kinder aufpasse«, berichtet die Journalistin K. »Oder schlimmer noch, man gab mir immer wieder zu verstehen, dass dieser Job ja eigentlich nichts für eine Frau mit kleinen Kindern sei.« Diese Holzhammer-Methode, Frauen mit Hinweis auf ihre traditionelle Rolle zu entmachten, erzeugt Wut – zu Recht. Wehren Sie sich dagegen.
Aber gelegentlich hindern sich Menschen auch selbst am eigenen Fortkommen, und es lohnt sich, das eigene Verhalten zu überprüfen. Stellen wir uns eine typische Situation vor:

Regine findet, dass sie unter Wert bezahlt wird und dass ihr nicht die gleichen Chancen geboten werden wie ihren Kollegen. In ihren Augen eine Ungerechtigkeit, weil sie in ihrem Job genauso gut ist wie die Männer und genauso viel leistet. Im Gegenteil: Häufig strengt sie sich sogar noch mehr an, nimmt Überstunden und Extraarbeit in Kauf, um Anerkennung zu gewinnen.
Aber Regine traut sich auch nicht, einfach zum Chef zu gehen und ihm zu sagen, was ihr nicht passt. Sie fürchtet sich davor, dass er ihr Anliegen abschmettern könnte. Für sie würde das bedeuten: Meine Arbeit wird vom Chef offenkundig nicht so geschätzt, wie ich das möchte – eine beschämende Vorstellung.

Auch wäre sie gezwungen darüber nachzudenken, welche Konsequenzen ein ablehnender Bescheid für ihr Arbeitsverhältnis haben würde – das aber möchte sie lieber vermeiden. Regine hat Angst. Deshalb nimmt sie lieber eine ungerechte Behandlung in Kauf, als etwas zu unternehmen.

Arbeitnehmer, die wie Regine täglich ihren Groll hinunterschlucken und aus Angst oder aus falscher Bescheidenheit darauf verzichten, ihre gerechtfertigten Ansprüche durchzusetzen, verfallen oft in eine Art trotzige Verweigerungshaltung. Sie werden zunehmend mürrischer, ziehen sich in sich zurück und machen nur noch Dienst nach Vorschrift. Sie glauben, so ihren Chef und ihre Kollegen zu strafen – in Wahrheit aber strafen sie sich selbst.

Es ist nicht immer nur mangelndes Selbstbewusstsein, das Menschen (und besonders Frauen) davon abhält, sich durchzusetzen. Die Neigung, lieber keine Fragen zu stellen, lieber keine konkreten Aussagen über sich selbst und die eigenen Bedürfnisse zu machen, ist manchmal auch eine Form der Bequemlichkeit. Menschen, die sich in diffusen, unklaren Situationen einnisten, haben oft – manchmal auch unbewusst – Angst, etwas über sich zu erfahren, das ihnen unangenehm wäre.

Wenn Regine zu ihrem Chef gegangen wäre, hätte sie sich über mehrere Dinge Rechenschaft ablegen müssen, über die sie bislang noch nicht nachzudenken gewagt hatte. Zum Beispiel: Wie würde sie die Enttäuschung verkraften, wenn ihr Chef ihr Anliegen als nicht berechtigt ablehnen würde? Müsste sie in diesem Fall kündigen oder könnte sie sich mit einem Kompromiss zufrieden geben (beispielsweise eine Gehaltserhöhung erst in drei Monaten, aber keine Beförderung. Oder aber einen besseren Status im Büro, dafür aber nur wenig mehr Geld)?

Klare Ansprüche sind eine Herausforderung – für einen selbst und für den Gesprächspartner. Wer einen eindeutigen Standpunkt bezieht, muss sich an ihm messen lassen und wird dabei auf sich selbst zurückgeworfen. Ein schwieriger und einsamer Schritt, ohne den Regine aber sicherlich nicht vorwärts kommt.

> Das Schlimme an solchen Zorn-Szenarien im Job: Die Wut wächst, und früher oder später überträgt sie sich auch auf andere Lebensbereiche. Wer unzufrieden im Job ist, kann auch privat kein ganz glücklicher Mensch sein.

Wütend auf andere Frauen

Sie vertragen sich – und im nächsten Augenblick stoßen sie sich gegenseitig das Messer in den Rücken. Sie kichern zusammen und haben Geheimnisse – aber nur, bis ein Mann daherkommt. Männer am Stammtisch behaupten: Frauenfreundschaften gibt es nicht. Zeitschriften postulieren, dass der schlimmste Feind der Frau die Frau sei. Frauen-Frauen-Beziehungen hängen alle möglichen hässlichen Klischees an.
Tatsache ist: Für viele Frauen sind Beziehungen zum gleichen Geschlecht oftmals viel prägender und viel dauerhafter als Verbindungen mit Männern. Ehen gehen in die Brüche, Beziehungen scheitern. Aber die Mutter-Tochter-Bindung dauert an. Die Schwester, die beste Freundin begleitet eine Frau oft ein Leben lang. Frauen hegen und pflegen ihre Beziehungen zu anderen Frauen, weil eine so innige Vertrautheit mit einem Mann manchmal gar nicht möglich ist.
Und dennoch verspüren viele Frauen besonders anderen Frauen gegenüber negative Gefühle. Die Wut auf Geschlechtsgenossinnen ist häufig viel stärker als auf Männer. Woran liegt das?

Frauen, die anderen Frauen in den Rücken fallen, tun dies oft deshalb, weil sie um männliche Anerkennung buhlen.

Zutiefst hat es wohl mit dem Gefühl der Machtlosigkeit zu tun, das Frauen in einer Männerwelt gerne suggeriert wird. Machtlosigkeit macht wütend. Doch interessanterweise richtet sich der Zorn mancher Frauen nicht gegen die Verursacher ihrer Schwäche – nämlich die Männer, die sie unterdrücken, im Job wie zu Hause. Der Zorn findet sein Ventil vielmehr bei anderen Frauen.
Für die Feministinnen Mary Valentis und Anne Devane ein kapitaler Fehler: Denn viele Frauen haben berechtigterweise den Wunsch, den eigenen Wert zu heben. Sie tun dies allerdings, indem sie sich bewusst männlichen Wertvorstellungen anpassen, das heißt, sie übernehmen männliche Klischees, wenn es um die Beurteilung anderer Frauen geht. Da wird über allein erziehende Mütter hergezogen, die »keinen Mann abgekriegt haben«. Da wird schon mal abfällig über das Aussehen einer

Kollegin gelästert und eine andere als hysterisch oder »zickig« bezeichnet.Frauen, die neidisch und eifersüchtig sind, können zu Hyänen werden. Das gilt vor allem im Berufsleben. Eine Frau, die Karriere macht, muss sich nicht nur auf Schritt und Tritt gegen männliche Anfeindungen wehren, sondern auch lernen, den Neid der anderen Frauen zu ertragen. An eine Chefin haben die meisten Frauen viel höhere Ansprüche als an einen Chef. Werden die hoch gesteckten Erwartungen nicht erfüllt, hängt frau ihrer Vorgesetzten eben schnell mal eine Affäre an oder bezeichnet sie als eiskalte Karrieristin, die Männer und Kinder zu Hause vernachlässigt.

Kolleginnen, die dazu beitragen, dass Frauen im Berufsleben diskriminiert werden, tun das nicht einmal immer mit Absicht. Sie sind daran gewöhnt, Männer viel ernster zu nehmen als ihr eigenes Geschlecht, sie arbeiten lieber für Männer und akzeptieren deren Anweisungen williger als die einer Chefin.

Weibliche Selbstbehauptung und Macht erfordert Nachsicht, Solidarität und Respekt. Frauen sollten für einander einstehen anstatt sich gegeneinander auszuspielen.

Der Verrat erfolgt im Kleinen wie im Großen: durch missbilligende Blicke, offene Feindschaft, bis hin zu der Tatsache, dass Frauen andern Frauen die Jobs oder die Männer stehlen.

Auch intime Freundinnen werden Opfer des Verrats oder zumindest männerfreundlicher Parteilichkeit. Da werden Verabredungen in letzter Minute abgesagt, nur weil ein Mann einen Restaurantbesuch in Aussicht stellt. Mitten im Telefonat mit ihrer Freundin schmeißt eine Frau den Hörer hin, weil sie den Anruf eines Mannes erwartet. Ist sie frisch verliebt, hat sie plötzlich keine Zeit mehr, mit ihrer Freundin etwas zu unternehmen.

Vielleicht ist die Heftigkeit, mit der Frauen gegenseitig ihre Wut aneinander auslassen, die Kehrseite zu hoher Erwartungen und starker Gefühle. Deshalb werden Enttäuschungen und auch der kleine Verrat extrem schmerzlich empfunden. Doch Rivalität und emotionale Kämpfe zwischen Frauen kosten Kraft und sind verheerend. Wir sollten sie abstellen.

7. Kapitel

Was uns die Wut sagen will

Wenn wir in einer Partnerschaft oder auch im Job und in der Familie dauernd unzufrieden sind oder wütend werden, kann das ein klares Zeichen dafür sein, dass wir unsere eigene Identität stärken müssen. Es ist wichtig, das eigene Selbstbild zu überprüfen.
Was möchten Sie wirklich? Was ist Ihnen wichtig? Was wollen Sie auf keinen Fall länger hinnehmen? Es ist schon mehrmals angeklungen: Von der Entscheidung, dass alles anders werden muss, zur Durchsetzung dieses Entschlusses ist es oft ein weiter Weg. Es ist ein ziemlicher Kraftakt, allen klar zu machen, was Sie wirklich wollen, insbesondere dann, wenn Ihr Umfeld daran gewöhnt ist, dass Sie doch immer »so eine verständige, rücksichtsvolle und kompromissbereite« Person waren. Lassen Sie sich nicht entmutigen. Die Tatsache, dass Sie auf Widerstand stoßen, ist kein Indiz dafür, dass Ihre Bedürfnisse falsch sind. Menschen ändern sich und auch Partnerschaften und Lebensumstände können sich ändern – vorausgesetzt, Sie arbeiten daran.

Wer zu sich selbst kommen will, muss viele Ängste überwinden: die Angst, verlassen zu werden, die Angst vor Unbekanntem, die Angst davor, jemanden zu enttäuschen...

Vertrauen Sie auf Ihre Wut! Sie zeigt Ihnen, welche inneren Probleme für Sie anstehen, woran Sie noch arbeiten und mit welchen Situationen Sie sich besser nicht abfinden sollten. Folgen Sie diesen Hinweisen

und hören Sie auf, sich einzureden, dass Sie ein Opfer der Umstände sind. Veränderungen vollziehen sich niemals glatt und reibungslos und sind fast immer schmerzhaft. Ihre Zornausbrüche hingegen – so berechtigt sie auch sein mögen – bringen Ihnen nichts. Ihr Partner, Ihr Chef, Ihre Familie wird sich an sie gewöhnen und ihnen keine weitere Beachtung schenken. Ihren konstanten und beharrlichen Veränderungswillen aber kann man nicht einfach ignorieren.
Das bedeutet nicht, dass Ihr Zorn auf einen Menschen, der Ihre Gefühle mit Füßen tritt, nicht gerechtfertigt ist. Oder dass Sie nicht gute Gründe haben, auf einen Menschen in einer bestimmten Situation sauer zu sein. Nur: Erreichen und verändern werden Sie dadurch vermutlich nichts. Keiner hat die Macht, einen anderen Menschen zu verändern. So lange Sie das versuchen, geraten Sie immer wieder in dasselbe Fahrwasser von unerquicklichen Streitereien. Die Situation ändern können Sie nur dann, wenn Sie sich selbst und Ihr Verhalten ändern.
Die eigentliche Frage kann also nur lauten: Was kann ich tun, um konstruktiver mit meiner Wut umzugehen?

Wut kann schützen – und verletzen

Manchmal, wenn wir uns bedroht fühlen, wenn es in einem Streit um Dinge geht, die uns wirklich wichtig sind, werden wir wütend, um unsere Gefühle zu schützen. Fühlen wir uns in einer Situation – im Job, in der Beziehung, im Alltag – unzulänglich oder machtlos, greifen wir automatisch jeden an, der diese Gefühle in uns auslöst.
Ein typisches Beispiel für eine solche Reaktion: Ein Kind spielt Fußball, der Ball rollt auf die Straße, und das Kind rennt kopflos hinterher. Ein Auto kann gerade noch rechtzeitig bremsen. Vermutlich werden die Eltern ihr Kind erst überglücklich in die Arme schließen und es dann beschimpfen: »Wie oft habe ich dir gesagt, dass du nicht auf die Straße laufen darfst, ohne vorher nach links und rechts zu schauen?« Auf diese Weise machen sie der Angst und dem Schrecken Luft, der sie gerade noch lähmte, bezwingen das Gefühl von Ohnmacht.
Statt Unsicherheiten und Verwundbarkeiten zu zeigen, verstecken wir diese Gefühle hinter Wut. Lieber pseudo-machtvoll herumbrüllen, als

zuzugeben, dass man sich fühlt wie ein kleiner Wurm, dass man seine Ängste und Unzulänglichkeiten zeigt. Die anderen könnten ja darüber lachen oder uns deswegen sogar ablehnen.
Erinnern Sie sich noch an Hans, der wütend wurde, weil Karin ein Wochenende allein verreisen wollte? Die eigentliche Ursache seiner Wut war nicht die Tatsache, dass er seiner Frau die Pause von der Familie missgönnte. Es war vielmehr die Aussicht, ein ganzes Wochenende allein für Kinder und Haushalt verantwortlich zu sein, die ihn verunsicherte und auf die er mit Wut reagierte. Natürlich konnte er sich nicht eingestehen, dass er sich der Situation nicht gewachsen fühlte – das wäre ja wohl gelacht, wenn ein im Berufsleben überaus erfolgreicher Manager zugeben müsste, dass er sich als Hausmann überfordert fühlt, dass ihm der Gedanke an brüllende Kinder, aufgeschlagene Knie, Wäscheberge und den Küchenherd den Angstschweiß auf die Stirn treibt.
Hätte er das alles zugegeben, hätte Karin auf seine Ängste reagieren können. Sie hätte seine Verweigerung nicht einfach nur als egoistische Unwilligkeit erlebt. Hans hätte sich Unterstützung organisieren können, und vielleicht hätte er die Erfahrung gemacht, dass er nicht nur im Büro, sondern auch zu Hause echt erfolgreich ist.

Manchmal bekommen Zwerge eine Riesen-Wut, weil niemand merken soll, dass sie klein und verletzlich sind.

Studienergebnisse der US-Wutforschung haben ergeben, dass Wut und Ärger häufig dann heraufbeschworen werden, wenn das Selbstkonzept, also das Bild, das ein Mensch von sich selbst hat, ins Wanken gerät. Menschen, die sich in ihrem Stolz verletzt oder in ihrer Ehre gekränkt fühlen, reagieren wütend. Das ist eigentlich ein wirksamer Selbstschutz. Wenn dieser Mechanismus aber so wirkt, dass er die Auseinandersetzung mit unseren eigenen Schwächen verhindert, wirkt er kontraproduktiv.
Menschen, die ihre wahren Gefühle hinter einem Wall von Wut verschanzen, reißen zwischen sich und anderen Menschen einen Graben auf. Die Unfähigkeit, zu sich selbst zu stehen – auch wenn wir schwach sind – vergrößert die emotionale Distanz zu anderen Menschen und ins-

besondere zu unserem Partner. Nur wenn wir das Wut-Schutzschild fallen lassen und wirklich zeigen, wie es um uns bestellt ist, kann tiefe Verbundenheit und Vertrauen entstehen. Nur: Wie können Sie das anstellen? Ganz einfach:

> Lassen Sie sich von Ihrer Wut zeigen, wo Sie verletzbar und angreifbar sind, aber verbergen Sie Ihre Gefühle nicht hinter der Wut.

Der Familientherapeut George R. Bach beurteilt Wutausbrüche in der Partnerschaft als zunächst positiv für einen Menschen. Der Ärger, so schreibt er, könne gerade deshalb nützlich sein, weil er häufig ohne Vorbedacht herausbricht. Ohne schützenden Vorhang und spontan kommen so die wahren Emotionen zum Tragen.
Sein Argument: In einer Partnerschaft kann Ärger – genau wie spontanes Lachen, erotische Erregung – ein ehrliches, offenes Zeigen von Gefühlen sein. Einen Menschen ärgerlich oder zornig zu machen, sei der sicherste Weg herauszufinden, wo seine Zuneigung und Interessen liegen und wie tief sie gehen.
Was sich neckt, das liebt sich, und ohne Ärger aufeinander könne es die Kehrseite dieses Gefühls, nämlich tiefe Liebe, gar nicht geben. Also spielen Paare beliebte Wutspiele, um sich kennen zu lernen, um auszuloten, was dem anderen wichtig ist: Wie weit kann ich bei meinem Partner gehen? Was ist ihm so heilig, dass ich ihn damit auf die Palme bringen kann? Diese Streitspiele können gefährlich sein, aber auch lehrreich: Dann nämlich, wenn sie fair gespielt werden, wenn Konflikte im Klima gegenseitigen Respekts gelöst werden, wenn wir die Schwächen des Partners nicht ausnutzen, um ihn zu verletzen.

Lernen, Wut als Tatsache hinzunehmen

Es gibt »gute« Gefühle und »schlechte«. Das zumindest lernen die meisten von uns schon als ganz kleine Kinder. Wir müssen »dankbar« sein für unser schönes Leben, sollen uns den Geschwistern, der Oma und später auch dem Partner gegenüber liebevoll verhalten. Wut wird in vielen Familien nicht zugelassen, der Umgang mit Gefühlen wie Hass, Neid, Enttäuschung, Rach- und Eifersucht wird gar nicht erst trainiert, weil wir diese Gefühle nicht haben dürfen. Viele Menschen wissen sehr genau, was sie fühlen sollten, aber zu ihren wahren Gefühlen haben sie wenig Kontakt. Kein Wunder, dass die meisten noch nicht herausgefunden haben, wie sie dem eigenen Zorn begegnen sollen.

Gefühle lassen sich nicht dadurch beseitigen, dass wir sie als schlecht beurteilen.

Vorschriften darüber, welche Gefühle gut und erlaubt, welche schlecht und unerwünscht sind und wie wir in welchen Situationen zu empfinden haben, sind in unserer Kultur sehr tief verankert. Wie wir bereits gesehen haben, gibt es Menschen, die diese Normen derart verinnerlicht haben, dass sie sich verbieten, Frust, Enttäuschung oder gar Zorn zu spüren. Aus lauter Schuldgefühl schlucken sie alles herunter und werden nicht selten krank von dieser schwer verdaulichen Kost.

Gefühle aber lösen sich nicht in Luft auf, nur weil wir sie negativ bewerten. Sie sind eine Realität, auf die wir ein Recht haben und der wir uns stellen müssen.

Sich seiner Wut zu stellen heißt nicht, sie schön zu reden, wie das zum Beispiel Sandra tut:

Sandra glaubt ihre Wut sehr gut im Griff zu haben, nur weil sie nicht herumtobt. Voller Stolz behauptet sie, sich nicht daran erinnern zu können, jemals wirklich wütend gewesen zu sein. Weder habe sie irgendjemand angeschrien, noch sei sie jemals handgreiflich geworden oder habe aus Jähzorn irgendetwas zerstört. Auf die Frage allerdings, welches Gefühl sie dann veranlasse, ihre Kollegin mit sehr subtilen und unterschwelligen

Bemerkungen lächerlich zu machen, antwortet sie spontan: »Diese blöde Kuh versucht mir immer in die Suppe zu spucken und nutzt jede Gelegenheit, um mir eins auszuwischen.«

Es stimmt also – Sandra benimmt sich mehr oder weniger zivilisiert, aber dennoch geht sie nicht gerade konstruktiv mit ihrer Wut um. Sie staut ihren Zorn auf und kompensiert ihn über spitze und gehässige Bemerkungen.

Sich seiner Wut zu stellen heißt auch nicht, sich von ihr übermannen zu lassen, wie das zum Beispiel Werner tut:

Als Werner auf der Autobahn von einem BMW geschnitten wird, knallt bei ihm die Sicherung durch. Wie ein Besessener rast er in halsbrecherischem Tempo dem Wagen hinterher. Wider alle Vernunft riskiert er dabei sein Leben, das der anderen Verkehrsteilnehmer und sogar das seiner eigenen Kinder, die hinten im Wagen sitzen.

Exkurs: Der Neandertal-Effekt – Wut weckt in uns den Urinstinkt

Die meisten Menschen, die Wut in sich aufsteigen spüren, befinden sich in einer Situation, die sie als bedrohlich empfinden. Weil sie sich in die Enge getrieben fühlen, reagieren sie instinktiv entweder mit Flucht oder mit Angriff. Beides sind ganz urtypische Reaktionsmuster, die uns Menschen zu Eigen sind – und zwar schon seit hunderttausend Jahren. Das Gehirn unserer Urahnen kannte nur ein Ziel: das nackte Überleben. In Stresssituationen, wenn es gefährlich wurde, schlugen sie entweder mit der Keule los oder sie rannten davon. Beide Alternativen nahmen die ganze Kraft des Körpers in Anspruch, die Funktionen des rationalen Denkens wurden auf ein Minimum gesenkt, damit genug Kraft blieb, loszuschlagen oder abzuhauen. Diese urtypische Stressreaktion heißt auch der »Neandertal-Effekt«.

Sich seiner Wut zu stellen heißt vor allem bewusst und nicht instinktiv zu handeln. Sie müssen den Neandertaler in sich überwinden.

Noch heute reagiert unser Gehirn auf Bedrohungen ähnlich. Geraten wir unter Stress oder werden wir wütend, schaltet unser Hirn auf Flucht oder Angriff und die anderen Hirnfunktionen schalten auf Sparflamme.
Beide Reaktionen haben negative Auswirkungen auf das Selbstwertgefühl: Beim Fluchtverhalten sinkt unsere Stimmung oft auf Null, wir fühlen uns danach klein, mickrig, machtlos. Nach der Attacke dagegen, wenn wir uns abreagiert haben, gebrüllt und womöglich um uns geschlagen haben, fühlen wir uns häufig kraftlos, lächerlich und beschämt.
So viel zum Urinstinkt. Aber glücklicherweise kann man lernen, ihn zu überlisten.

8. Kapitel

Wenn die Wut tief in uns steckt

Ungelöste Probleme aus unserer Vergangenheit beeinflussen – wie wir in den vorangegangenen Kapiteln gesehen haben – auch unsere gegenwärtigen Beziehungen. Wenn eine Frau wie zum Beispiel Karin immer wieder mit ihrem Partner einen Kampf um Unabhängigkeit und Selbständigkeit ausfechten muss, kann das ein Zeichen dafür sein, dass dieses Problem bereits in ihrer Herkunftsfamilie existiert hat. Womöglich hatte ihre Mutter ein ähnliches Problem mit Wut wie sie. Vielleicht hat sie sich bereits als junges Mädchen mit ihren Eltern dauernd über das Thema Unabhängigkeit gezankt.

Viele Therapeuten arbeiten mit ihren Patientinnen daran, dass diese ihre Beziehungen zu Geschwistern, Eltern und Großeltern klären und verändern. So lässt sich verhindern, dass dieselben Verhaltensmuster wieder und wieder auch in neuen Beziehungen auftreten.

Wut kann zum Motor für größere Selbstsicherheit werden und uns andere Wege in Beziehungen aufzeigen.

Es gibt genug gute Ratschläge, wie man kurzfristig mit Wut umgeht (und einige können, wie wir gesehen haben, für alltägliche Ärgernisse, die uns ganz einfach in die Luft gehen lassen, auch nützlich sein). Auf lange Sicht ist es jedoch unwichtig, wie Sie im Augenblick mit Ihrer Wut umgehen. Wichtig ist, ob Sie langfristig Ihre Wut als Motor für größere Selbsteinsicht und als Wegweiser für neue Wege in Beziehungen nützen können.

So werden Sie zur Fachfrau Ihrer Wut

Wenn Sie Ihre Wut für sich nutzen wollen, müssen Sie sie kennen und verstehen lernen. Dafür müssen Sie aber auch zu den verborgenen Ursachen vordringen und verdrängte Wut an die Oberfläche ziehen. Folgende Fragen sollen Ihnen dabei helfen:

Frage 1: Was macht mich wütend?

Überlegen Sie zunächst, in welchen Situationen Sie wütend werden beziehungsweise was Sie zornig macht, auch wenn Sie sich dieses Gefühl bisher vielleicht nicht zugestehen wollten und versucht haben, es zu unterdrücken. Wo werden Sie am häufigsten wütend? Im Job? In der Partnerschaft? Mit den Kindern? Welche Funktion hat die Wut für Sie? Weichen Sie tieferliegenden Problemen aus? Schaffen Sie sich »Scheinprobleme«?
Wie wir gesehen haben, wurzelt Wut häufig in Verunsicherung, Angst und der Furcht, verlassen zu werden. Was Sie persönlich in Rage versetzt, wann Sie sich in die Enge getrieben fühlen und wovor Sie sich fürchten, hängt von Ihrer ureigenen Geschichte ab. Deshalb sollten Sie sich zunächst mit Ihrer Angst beschäftigen.

Welche Angst ist Ihnen vertraut?

- Die Angst, verlassen zu werden?
- Die Angst, die Kontrolle zu verlieren?
- Die Angst vor finanziellen Unsicherheiten?
- Die Angst, zu versagen?
- Die Angst, in die Ecke gedrängt zu werden?

Die Liste können Sie beliebig abkürzen oder verlängern – jeder Mensch fürchtet sich vor etwas anderem.

Nun richten Sie Ihren Blick auf das, was Sie in Ihrem Selbstwert, aber auch ganz real bedroht:

- Sind es Menschen, die abschätzige Bemerkungen über Sie machen, Ihre Kompetenz in Zweifel ziehen, Sie demütigen?
- Ist es ein Partner, der sich von Ihnen zurückzieht, von dem Sie sich nicht angenommen fühlen?
- Sind es Situationen, denen Sie sich nicht gewachsen fühlen, die Sie überfordern?

Der Wut-Auslöse-Mechanismus:

Häufig ist es so, dass immer wieder die gleichen stets wiederkehrenden Situationen zum Auslöser für unsere Wut werden. Dieser Auslöser zeigt uns, woran wir arbeiten müssen. Sie entdecken ihn, wenn Sie sich genau beobachten, und Sie können lernen, diesen Mechanismus zu überlisten, wenn Sie alte Verhaltensmuster abschütteln. Seien Sie nicht zu streng mit sich – kein Mensch trennt sich leicht von Gewohnheiten, die er im Laufe eines langen Lebens erworben hat.

Frage 2: Wie stehe ich selbst zu meiner Wut?

Überlegen Sie, was für Gefühle und Gedanken in Ihnen hochkommen, wenn Sie wütend werden. Haben Sie dann den Eindruck, als »gute, sanfte« Frau versagt zu haben? Haben Sie Schuldgefühle, weil Sie die Erwartungen anderer Menschen enttäuschen? Oder unterdrücken Sie Ihre Wut, aus Furcht darüber, verlassen oder zurückgewiesen zu werden? Verlieren Sie die Beherrschung, werden Sie anderen Menschen gegenüber ausfallend und verletzend?
Ihr spezieller Standpunkt zur Wut zeigt Ihnen, wo es bei Ihnen »hakt«. Wenn Sie sich unwohl fühlen mit Ihrer Wut, sollten Sie sich die Erkenntnisse der US-Psychologinnen Valentis und Devane zu Herzen nehmen, die ihre Betrachtungen über Wut in einem sehr einfühlsamen, positiven Satz zusammenfassen:

> *Meine Wut sagt mir, dass ich lebe – dass ich eine gesunde, gefühlvolle Frau bin.*

- Wut ist ein fundamentaler Instinkt, der Sie schützt und Ihnen zeigt, dass Sie sich offensichtlich bedroht fühlen, dass Sie jemand ausnützt oder Ihnen in die Quere kommt.
- Wut beeinflusst den Körper, Sie können sie nicht einfach übergehen. Die Wut physisch zu spüren ist nichts Negatives.
- Es ist gut, Ihre Wut zu spüren und nach geeigneten Maßnahmen zu suchen.
- Ihre Wut verrät Ihnen innere Überzeugungen und Werte.

Frage 3: Welche Geschichte hat meine Wut?

Wie wir gesehen haben, hat unsere Wut nicht nur mit aktuellen Problemen zu tun. Die Tatsache, dass wir wütend werden (oder aber dieses Gefühl unterdrücken), hängt von vielen Faktoren ab: Zum Beispiel davon, wie in der Ursprungsfamilie mit Wut umgegangen wurde, wie wir erzogen wurden, in welchen persönlichen Konstellationen wir uns gerade befinden.

Führen Sie ein Wut-Tagebuch, in dem Sie notieren, wann Sie wütend geworden sind, aus welchem Anlass, wer oder was Sie wütend gemacht hat. Schreiben Sie dazu, ob es ähnliche Situationen in Ihrer Ursprungsfamilie oder in der Ihres Mannes gegeben hat und worin sie sich ähneln. Ganz wichtig: Schreiben Sie auch auf, wenn Sie Parallelen sehen zwischen dem Verhalten Ihrer Eltern Ihnen gegenüber und Ihrem Verhalten anderen Menschen, speziell auch den eigenen Kindern gegenüber. Oftmals ähneln sich sogar die Wut-Äußerungen (»Du wirst es nie zu etwas bringen, wenn du so weitermachst«, »Du bist ja wie dein Vater!«, »Dann hat Mami dich nicht mehr lieb«) bis ins i-Tüpfelchen. Überlegen Sie, warum Sie dieselbe Form wie Ihre Eltern wählen, und schreiben Sie auf, welche verborgenen Ängste Sie dahinter vermuten.

Wut ohne Ende – wann Sie therapeutische Hilfe suchen sollen

Wutanfälle, Verbitterung, glühender Hass auf den Partner oder das Kind – wenn solche Gefühle in Ihnen überhand nehmen und Sie fürchten, dass Sie sie dauerhaft nicht mehr kontrollieren können, hilft alle Selbsthilfe nicht. Wenn Sie von einem maßlosen Zorn beherrscht werden, der sich auf alle Lebensbereiche erstreckt, dann müssen Sie eine psychologische Beratungsstelle aufsuchen und gemeinsam mit einem Therapeuten überlegen, wie Sie bei diesem Problem vorgehen können (Adressen siehe Anhang).

So vermeiden Sie unkreativen Umgang mit Wut

Jetzt haben Sie durch Beobachtung schon viel über Ihre eigene Wut gelernt. Sie sind in der Lage, sich ein Bild von Ihrer Wut zu machen, Sie wissen, woher sie kommt und warum sie Ihnen oft nichts bringt. Sie wissen jetzt, dass Sie Ihre Wut aggressiv und defensiv ausdrücken können. Auf den folgenden Seiten erhalten Sie konkrete Anregungen, die Ihnen helfen sollen, alte Verhaltensmuster zu durchbrechen und neue zu erlernen. Sie können hilfreich sein bei Krisensituationen im Job, in der Beziehung und in der Familie.

Mit viel Gefühl – emotionalen Ausdruck lernen

Natürlich ist es viel schöner, ein netter und entspannter Mensch zu sein, höflich, gut aufgelegt, humorig selbst im Stress. Manchmal aber sind wir eben nicht gelassen und heiter. Dann reicht vielleicht schon eine Bagatelle, um uns aus der Bahn zu werfen: Ein verlegter Schlüssel, eine nicht zugeklappte Klobrille oder die schlampig gemachte Hausaufgabe des Sohnes lösen einen Streit aus, der mit einem großflächigen Angriff auf

die Persönlichkeit des Streit-Partners endet. In der Wut werfen wir ihm Dinge an den Kopf, die wir später bereuen.
Natürlich ist es wichtig, in einer Beziehung alle Gefühle offen und ehrlich zu äußern, aber ein Wutanfall ist kaum der richtige Zeitpunkt dafür. Wenn Ihr Partner auf diese Weise erfährt, was Sie bewegt, können Sie wohl kaum auf Verständnis hoffen. Im Gegenteil – die Vorwürfe, Anschuldigungen und Bezichtigungen lösen nicht selten eine heftige Gegenreaktion aus und setzen so einen teuflischen Kreislauf gegenseitiger Verletzung in Gang. Die traurige Folge: Sie zerstören die Intimität Ihrer Partnerschaft und fügen Ihrer Beziehung womöglich einen dauerhaften Schaden zu.

Wenn Sie Ihrem Partner Ihre Gefühle nicht mitteilen, kann er auch nicht auf Sie eingehen.

Warten Sie nicht, bis sich Ihre Gefühle derart aufgestaut haben, dass Sie Ihnen völlig entgleiten. Sie nehmen Ihrem Partner dadurch die Chance, angemessen auf Ihre Probleme zu reagieren. Auch wenn Sie stark vom Alltag beansprucht sind oder gerade viel Stress haben, sollten Sie Ihrem Partner Ihre Gefühle dann mitteilen, wenn sie sich bemerkbar machen. Um sinnlose Verletzungen zu vermeiden, sollten Sie – neben der Wahl eines günstigen Zeitpunktes – folgendes beachten:

- Sprechen Sie mit Ihrem Partner über Probleme, nicht über Lösungen.

Wenn Sie etwas stört oder Sie unter einer Situation leiden, erklären Sie Ihrem Partner zunächst Ihre Gefühle und überfallen Sie ihn nicht gleich mit einem Lösungsvorschlag. Er muss die Zeit haben, sich mit Ihrem Problem zu befassen, es zu verstehen. Nur so kann er vielleicht mit Ihnen gemeinsam eine Lösung erarbeiten, die beide Seiten zufrieden stellt. Wenn Sie für ein Problem gleich eine Lösung parat haben, kommen Sie vielleicht nie zu einer vernünftigen Kommunikation über die eigentliche Ursache Ihrer Wut.
Falls Sie beispielsweise der Meinung sind, dass Ihr Partner Sie zu wenig beachtet, nützt es nichts, ihm vorzuschreiben, regelmäßig kleine Auf-

merksamkeiten mitzubringen. Sie sollten ihm/ihr Ihre Gefühle schildern – ohne eine Lösung vorwegzunehmen.

- Vermitteln Sie Ihre Gefühle – und bewerten Sie nicht das, was der Partner getan oder unterlassen hat.

Menschen, die verletzt wurden und wütend sind, nehmen leicht Verurteilungen und Bewertungen vor. »Es ist wirklich kaltherzig von dir, immer meinen Geburtstag zu vergessen.« Mit einem solchen Satz verurteilen wir den anderen, werfen ihm vor, ein Egoist, ein emotionales Monster zu sein. Das Resultat: Der Partner wird versuchen, sich zu rechtfertigen oder zum Gegenschlag auszuholen. Und nächstes Jahr hat er vermutlich wieder genau dieselbe Gedächtnislücke.
Wenn Sie aber Ihre Gefühle mitteilen, erreichen Sie damit etwas völlig anderes. Sie könnten zum Beispiel sagen: »Ich bin wirklich traurig darüber, dass du einen für mich so wichtigen Tag vergisst. Ich fühle mich zurückgesetzt.« Damit sprechen Sie über sich – nicht über Ihren Partner. Sie drücken ihm keinen Stempel auf, beschuldigen ihn nicht und treiben ihn auch nicht in die Enge.

- Sprechen Sie in Ich-Botschaften, nicht in Du-Botschaften.

Statt zu sagen: »Ich bin sauer, weil du so unzuverlässig bist und ständig zu spät kommst«, könnten Sie auch sagen: »Ich bin wütend, weil du zu spät gekommen bist und ich lange auf dich gewartet habe.« Die erste Aussage beinhaltet einen Angriff (Du bist so unzuverlässig), die zweite macht Angaben über einen selbst (Ich bin wütend, ich habe lange gewartet).
Mit so genannten Ich-Botschaften (Ich bin wütend) können Sie Ihrem Ärger Luft machen, ohne den anderen zu verletzen. Anders als Du-Botschaften (Du bist unzuverlässig) enthalten sie keine abqualifizierenden Aussagen und transportieren dennoch Ihre Gefühle in aller Deutlichkeit.

- Machen Sie Ihren Partner nicht zum Buhmann.

Es ist destruktiv, wenn Sie versuchen, Ihren Partner in einem Streit in eine bestimmte Ecke zu drängen. Dies macht man häufig mit stereotypen Vorwürfen, wie zum Beispiel »Du bist eben ein Muttersöhnchen«.

Auch Aussagen, die darauf zielen, den Charakter des Partners zu verunglimpfen, sollten Sie tunlichst unterlassen. Psychologisierende Aussagen wie »Dein Vater muss aber ein übler Choleriker gewesen sein, wenn man bedenkt, wie du hier rumschreist« sind im Grunde perfide. Sie maßen sich damit an, Ihren Kontrahenten wirklich zu durchschauen, ja, ihn besser zu kennen und zu verstehen als er sich selbst. In Wahrheit aber legen Sie ihn auf eine unangenehme Rolle fest, damit Sie ihm so richtig eins auswischen können.
Eine nicht erbetene Charakteranalyse oder überstrapazierte Klischees (»Er ist halt Allgäuer, die rasten leicht aus«) sind ein Globalangriff auf die Gesamtpersönlichkeit des Gegners – und wenn er Gleiches mit Gleichem vergilt, wird das Gefecht »zu einem regelrechten Charaktermord«, schreibt George Bach.
Wer dagegen seinen Zorn in angemessener Form äußert, kann sogar stärkere Intimität schaffen.

Zorn ist ein Gefühl, und Nähe entsteht, wenn wir mit unserem Partner alle Gefühle teilen – auch die so genannten negativen. Es ist wichtig, dem anderen seine Gefühle zu offenbaren, ohne ihm Vorwürfe zu machen, ihn zu demütigen oder herabzusetzen.

Wenn Sie über Ihre Gefühle reden und Bewertungen und Angriffe außen vorlassen, haben Sie viel gewonnen: Da Sie Ihren Partner nicht bedrohen und in die Enge treiben, beschränken Sie auch seinen Handlungsspielraum nicht. Sie geben ihm die Chance, sich selbst zu überlegen, wie er die Situation verändern könnte, damit Sie nicht mehr wütend und verletzt sind. In einem Streitklima, das durch gegenseitigen Respekt geprägt ist, lässt sich eine Eskalation der Gefühle, die beide Seiten zu Verlierern macht, viel eher vermeiden.

Abgebrochene Kontakte wieder aufnehmen

Vielleicht haben Sie sich in einer Wutsituation so sehr von einer Person entfernt, dass es fast unmöglich scheint, an die Beziehung wieder anzuknüpfen. Wenn Sie mit einer Person, die Ihnen wichtig ist (oder früher war), den emotionalen Kontakt abgebrochen haben, kann es ein mutiger Schritt sein, schreibt Harriet Lerner, »einfach eine Geburtstags- oder Urlaubskarte zu schicken«. Oder Sie schreiben an die Person, mit der Sie sich überworfen haben, einen Brief, in dem Sie Ihr Bedauern darüber zum Ausdruck bringen, dass es so weit gekommen ist.

Wenn Sie aus Wut den Kontakt zu einer Ihnen nahe stehenden Person abbrechen, schaden Sie sich selbst. Sie werden verletzlicher und angreifbarer.

Uns nahe stehende Menschen, auf die wir besonders wütend waren, sind ungeheuer wichtig für uns. Nur über sie können wir lernen, warum wir selbst Probleme mit dem Gefühl Wut haben. Die schwierige Beziehung zu ihnen ist ein unmittelbarer Weg zur besseren Selbsterkenntnis.
Wenn Sie sich den Kontakt zu einer Person verbieten, zu der Sie eine emotional enge Bindung hatten – das kann der Vater sein, mit dem man sich zerstritten hat, oder Geschwister –, wirkt sich das auch auf Ihre anderen Beziehungen aus. Sie sind labiler, leichter verletzbar und können Spannungen weniger gut ertragen. Der Abbruch einer emotionalen Bindung zu einer nahe stehenden Person oder zu einem Familienmitglied löst unbewusst Ängste aus, die sich in anderen Zusammenhängen in Form von Wut Bahn brechen können.

Mit den Aggressionen an die richtige Adresse

Sie hatten Frust im Job, und jetzt nervt Sie die kleinste Kleinigkeit zu Hause. Viele Menschen lassen ihre Wut an ihnen nahe stehenden Personen aus, im festen Glauben, die könnten es noch am ehesten wegstecken. Hinterher tut es einem dann oft Leid.
Sie sollten sich direkt an den wenden, auf den Sie wütend sind. Das heißt nicht, dass sie losschreien oder die Beherrschung verlieren müssen. Sie können Ihrem Gegenüber auch ganz gelassen die Meinung sagen. Wie? Das haben Sie bereits gelernt. Bleiben Sie sachlich, machen Sie Aussagen über sich und nicht über den anderen. Erklären Sie, warum Ihnen eine Sache stinkt.

Wichtig ist nur, dass Ihr Unwille unmittelbar den trifft, der dieses Gefühl auch hervorgerufen hat. Es bringt nichts, wenn Sie sich über Ihren Gegner bei Dritten aufregen oder versuchen, über Dritte an ihn heranzukommen. Meistens erhält er dann eine Botschaft, die Sie eigentlich gar nicht abschicken wollten, Missverständnisse verkomplizieren die ganze Angelegenheit, und am Ende haben Sie viel mehr Porzellan zerschlagen, als Sie ursprünglich wollten. Hinterher bereuen Sie es womöglich nur, wenn Sie in Ihrer Wut etwas Falsches gesagt haben. Konfrontieren Sie Ihren Konterpart direkt – das ist die einzige Möglichkeit, seine Wut am richtigen Ort loszuwerden.

Jeder, der die Wut in Ihnen heraufbeschwört, sollte das auch von Ihnen erfahren.

Das gilt gerade für Konflikte im Job. Achten Sie darauf, dass Sie die richtigen Kanäle benutzen, wenn Sie Beschwerden haben. Lassen Sie sich nicht auf Einschätzung von Dritten ein und lassen Sie sich Ihre Wut nicht ausreden. Vertrauen Sie Ihrer eigenen Wahrnehmung und handeln Sie danach.

Mit der Wut an die richtige Adresse – das gilt auch für die Dreieckskonstellationen in der Familie. Häufig reagieren wir unsere Wut an Kindern ab, obwohl wir in Wahrheit vom Partner enttäuscht wurden. Oder aber wir benutzen die Kinder als Bollwerk.

Über sie kommunizieren wir mit dem Partner (»Sag dem Papa, dass ich immer noch böse auf ihn bin«). Oder aber wir instrumentalisieren sie, um dem echten Konflikt aus dem Weg zu gehen (»Es liegt nur an deiner Erziehung, dass die Kinder so frech sind«, »Wahrscheinlich warst du als Kind auch schon so«). Oder wir setzen sie als Geheimwaffen im Ehezwist ein (»Geh mal zu Mami und schau nach, ob sie immer noch so wütend ist«). Ganz abgesehen davon, dass Kinder mit dieser Rolle klar überfordert sind, können wir so das eigentliche Problem, das uns wütend macht, auch nicht aus der Welt schaffen.

Wenn Sie mit Ihrer eigenen Wut konstruktiv umgehen wollen, ist von Ihnen vor allem eins gefragt: Mut und Verantwortung. Den meisten Menschen fällt es schwer, zuzugeben, dass sie Schwächen haben. Aber ohne dass Sie Ihre eigene ganz persönliche Achillesferse kennen, kommen Sie auch beim Thema Wut und Aggression nicht weiter.

Wenn Sie verletzt werden, müssen Sie es ansprechen. Wenn Ihre Grenzen überschritten werden, müssen Sie dem Einhalt gebieten. Sie haben einen Anspruch darauf, dass Ihre Gefühle geachtet werden.
Selbstbehauptung ist das beste Gegenmittel gegen Wut. Wenn Sie klar sagen, was Sie möchten, katapultieren Sie sich selbst aus der Rolle des Opfers in die des selbstbewusst und eigenständig Agierenden. Sie zeigen dem anderen, dass Sie die Verantwortung für Ihr Leben übernehmen und bereit sind, die Konsequenzen für Ihre Entscheidungen zu tragen.
Sie können ja mit kleinen Schritten beginnen und sich allmählich den wichtigen Themen nähern. Wenn es Sie nervt, dass Ihr Vater Sie jeden Sonntag um acht Uhr morgens anruft, wäre ein erster Schritt, ihm zu erklären, dass Sie dies nicht wünschen. Und zwar höflich und bestimmt. Aber bitte vergessen Sie nicht: Sich behaupten heißt auch, das Territorium und die Grenzen anderer Menschen zu achten – so wie Ihre.

Trotz aller guten Vorsätze – wieder ausgerastet:

Sie führen Wuttagebuch, Sie haben sich bewusst gemacht, was Sie wütend macht, Sie durchblicken wiederkehrende Verhaltensmuster in stressigen Situationen, nehmen sich außerdem vor, in Konflikten künftig Gefühlsbotschaften zu vermitteln. Alles umsonst: Sie rasten wieder aus. Das ist ganz normal. Erwarten Sie keine schlagartigen Verbesserungen – weder bei sich noch bei anderen. Gerade in engen Beziehungen verändern sich Gegebenheiten und Gewohnheiten langsam, fallen alle Beteiligten, trotz der besten Vorsätze, wieder in alte Muster zurück.

Da hilft nur eins: Es immer und immer wieder versuchen. Sie werden sicherlich noch häufiger die Fassung verlieren und auf die Nase fallen. Veränderungsprozesse werfen alle Menschen aus der Bahn. Sie sind schwierig und erfordern Geduld. Und die müssen Sie haben, wenn Sie kreativ mit Ihrem Zorn arbeiten wollen – nicht nur mit Ihrem Partner, Ihren Kindern oder Kollegen. Sondern vor allem mit sich selbst.

Anhang

Wichtige Adressen:

Kirchen beider Konfessionen und die Städte/Gemeinden bieten bei Konflikten in der Familie oder in der Partnerschaft häufig kostenlos Beratungen und Familientherapien an.

Sollten Sie sich zu einer Therapie entschließen, finden Sie in Deutschland beim Berufsverband der Psychologen Adressen aus der gewünschten Region:

Berufsverband der Psychologen
Heilsbachstr. 22
53121 Bonn
Tel.: 0228/987 31 0

Bundesarbeitsgemeinschaft für Beratung bei Familienkrisen
Günterstalstr. 41
79102 Freiburg
Tel.: 0761/78 761

Literaturverzeichnis

Bauriedl, Thea: Wege aus der Gewalt. Analyse von Beziehungen. Herder, Freiburg im Breisgau, 1992

Bach, George; Wyden, Peter: Streiten verbindet. Spielregeln für Liebe und Ehe. Diederichs, Köln, 1981

Cardas, Elena: Atmen. Lebenskraft befreien. Gräfe und Unzer, München, 1993

Creighton, James L.: Schlag nicht die Türe zu! Konflikte aushalten lernen. Rowohlt, Reinbek, 1992

Greist, John; Jefferson, James: Depressionen. Was man darüber wissen sollte und was man dagegen tun kann. C.H. Becksche Verlagsbuchhandlung, München, 1995

Heyne, Claudia: Offene und versteckte Aggressionen von Frauen. Droemersche Verlagsanstalt Th. Knaur, München, 1996

Kirschner, Josef: So siegt man, ohne zu kämpfen. Goldmann, München, 1987

Lauster, Peter: Lassen Sie sich nichts gefallen. Die Kunst, sich durchzusetzen. Mut zum Ich. Econ Taschenbuch Verlag, Düsseldorf, 1989

Lee, John; Stott, Bill: Richtig wütend. Vom Umgang mit einem explosiven Gefühl. Droemersche Verlagsanstalt Th. Knaur, München, 1994

Lerner, Harriet: Wohin mit meiner Wut? Neue Beziehungsmuster für Frauen. Fischer Taschenbuch Verlag, Frankfurt, 1990

Müller-Mees, Elke: Die aggressive Frau. Von Mannweibern, Sexbomben und Hausdrachen. Thienemann, Rheine, 1993

Nolting, Hans-Peter: Lernfall Aggression. Wie sie entsteht – Wie sie zu vermindern ist. Rowohlt, Reinbek 1978

Petermann, Franz und Ulrike: Training mit aggressiven Kindern. Psychologie Verlagsunion, Weinheim, 1993

Richter, Ursula: Rache der Frauen. Neue Formen weiblicher Selbstbehauptung. Heyne Verlag, München, 1997

Schott, Barbara: Cool bleiben. Rowohlt, Reinbek, 1994

Schutt, Karin: Heilatmen. Ein Weg zu Lebenskraft und innerer Harmonie. Falken-Verlag, Niedernhausen, 1989

Tavris, Carol: Wut. Das mißverstandene Gefühl. DTV, München, 1995

Valentis, Mary; Devane, Anne: Die Wut der Frauen. Geheimnis und Macht eines starken Gefühls. Droemersche Verlagsanstalt Th. Knaur, München, 1996

Weber, Hannelore: Ärger. Psychologie einer alltäglichen Emotion. Juventa Verlag, Weinheim und München, 1994

Die Gedanken, Methoden und Anregungen in diesem Buch stellen die Meinung beziehungsweise Erfahrung der Verfasserin dar. Sie wurden von der Autorin nach bestem Wissen erstellt und mit größtmöglicher Sorgfalt überprüft. Sie bieten jedoch keinesfalls Ersatz für kompetenten ärztlichen oder therapeutischen Rat. Daher erfolgen Angaben in diesem Buch ohne jegliche Gewährleistung oder Garantie des Verlages oder der Autorin. Eine Haftung des Verlags oder der Autorin für etwaige Personen-, Sach- und Vermögensschäden ist ausgeschlossen, es sei denn im Falle grober Fahrlässigkeit.

Die Deutsche Bibliothek – CIP-Einheitsaufnahme
Köhle, Anne-Bärbel:
Wut, lass nach! : kreativer Umgang mit einem starken Gefühl / Anne-Bärbel Köhle. -
Zürich : Kreuz, 1998
ISBN 3-268-00218-8

1 2 3 4 5 02 01 00 99 98

Umschlaggestaltung: Atelier Reichert, Stuttgart
Umschlagfoto: © The Picture Book/ BAVARIA
Satz: Rund ums Buch, Rudi Kern, Nürtingen
Druck und Bindung: Wilhelm Röck, Graphische Betriebe, Weinsberg
ISBN 3 268 00218 8